인생을 바꾸는 말
인생을 망치는 말

인생을 바꾸는 말

나를 성장시키는 92가지 언어습관

아리카와 마유미 지음 · 최화연 옮김

인생을 망치는 말

프롬북스
frombooks

내가 자주 쓰는 말로 인생이 바뀐다면?

특별한 노력을 하지 않아도, 의욕이 넘쳐나지 않아도 '내가 바라는 나'로 일상을 행복하게 보내는 효과적인 방법이 있습니다.

바로 '말버릇'의 힘을 활용하는 것입니다.

인간은 생각보다 훨씬 암시에 걸리기 쉬운 존재여서 자신에게 건네는 말에 강한 영향을 받습니다.

입 밖으로 꺼내는 말뿐만 아니라 마음속으로 하는 말을 가장 가까이서 듣는 사람은 다름 아닌 나 자신이기 때문입니다.

특히 매일 반복하며 무의식중에 입에 담는 '말버릇'만큼 커다란 영향을 미치는 말은 없겠지요.

'뇌의 무의식 컴퓨터'는 자신의 말을 세상에서 가장 신뢰합니다.

현실이 어떠하든 자신의 말을 실현하려고 합니다.

그러므로 '이런 내가 되어야지', '이런 인생을 살고 싶다'고 생각한다면 그에 걸맞은 말버릇을 사용해야 합니다.

하지만 실제로 생각과는 정반대의 말버릇을 가진 사람이 참 많습니다.

매일 즐겁기를 바라면서 "지루하다"라고 말하고,

이루고 싶은 꿈이 있지만 "바쁘다", "시간 없다"라고 말하고,

자신감을 가지고 싶은데도 "나 같은 게 무슨"이라고 말합니다.

이런 부정적인 말들이 뇌에 입력되면 무의식 컴퓨터는 이를 실현하려고 부단히 노력합니다.

하루하루 활기차게 즐기며 사는 사람은 "재미있다", "즐겁다", "기쁘다", "어떻게든 된다", "나는 할 수 있다"처럼 마음을 가볍게 만들고 행동을 유도하는 말을 자주 씁니다.

뇌의 무의식 컴퓨터는 이 말에 어울리는 것들에 의식을 집중합니다. 이 말에 걸맞은 감정을 만들고 걸맞은 행동을 취하는 프로그램이 저절로 설정됩니다.

언뜻 생각하면 현실이 말버릇을 만드는 것 같지만 사실은 그 반대입니다. 말버릇이 감정과 사고, 행동을 빚어내며 이로 인해 겉모습, 표정, 환경, 인간관계까지 크게 달라집니다.

사람들 대부분이 이런 사실을 알면서도 무심코 부정적인 말버릇을 반복하는 것은 말의 영향력과 참된 위력을 충분히 알지 못하기 때문입니다.

어렵지 않습니다.

우선 긍정적인 말버릇은 긍정적인 현실을 만들고 부정적인 말버릇은 부정적인 현실을 만든다는 간단한 방정식을 기억해두세요.

감정이나 행동을 바꾸기는 어렵지만 말버릇은 쉽게 바꿀 수 있습니다.

의식하기 시작하면 말버릇은 바뀝니다.

말버릇의 힘으로 누구나 더 나은 인생을 만들 수 있습니다.

저의 말버릇 중 하나가 "이건 기회다!"입니다.

'기회의 신은 앞머리만 있다'는 말을 들어보셨나요?

기회의 신은 만났을 때 바로 알아채면 꽉 잡을 수 있지만 뒤통수에는 머리카락이 없어서 지나가 버리면 잡을 수가 없습니다. 기회는 맞닥뜨린 순간 잡아야 합니다.

저는 원래 매사에 부정적인 편이었으나 "이건 기회다!"라고 중얼거리자 앞머리밖에 없는 기회의 신이 떠올라 바로 행동하는 습관이 생겼습니다.

가령 조금 관심이 가는 사람이 있으면 말을 걸어봅니다. 두 번다시 그 순간은 오지 않으니까요.

그 자리에서 즐겁게 대화하고 끝나는 인연이 대부분이지만 레스토랑에서 우연히 말을 건 노부인의 집에 초대된 적도 있고 여행지에서 만난 인연으로 첫 책을 출간하는 인생의 커다란 전환점이 생기기도 했습니다.

이 밖에도 흥미로워 보이는 행사가 있으면 일단 참가해봅니다. 업무를 제안받으면 주저 없이 도전해봅니다. '기회'라는 키워드를 반복하는 사이 '기회'를 알아보는 눈이 길러지고 모든 기회를 소중히 여기게 됩니다.

소소한 기회를 잡아가다 보면 어느새 '기회의 신이 나를 꽤 먼곳까지 데려왔구나' 실감하는 순간이 옵니다.

"귀찮다", "언젠가", "조만간"이 말버릇이라면 자기 생각보다 상당히 많은 기회를 놓치고 있을 가능성이 큽니다.

지금, 이 순간, 인생을 행복하게 만드는 말버릇을 소개합니다.

이 책에는 제가 오랫동안 실천하고 효과를 실감한 말버릇을 엄선해 담았습니다.

무심코 내뱉기 쉬운 부정적인 말버릇을 발견하고 긍정적인 말버릇으로 대체하는 방법도 다룹니다.

'이제 달라지고 싶다!', '지금 내게 필요한 말이다!'라는 생각이 든다면 다양하게 시도해보고 효과가 실제로 느껴지는 표현을 버릇이 될 만큼 반복해보세요.

말버릇으로 완전히 자리 잡기 전까지는 메모지에 써서 눈에 보이는 곳에 붙여두거나 '오늘의 말버릇'을 정해서 다른 사람과 대화할 때 활용해봐도 좋습니다.

속으로만 되뇌어도 상관없지만 소리 내어 말할 때 말의 위력은 더욱 강력해지며 표정과 태도에 즉각 효과가 나타납니다.

말버릇의 마법은 반복할수록 효과가 커집니다. 마법에는 부작용이 따르지 않으며 비용도 시간도 전혀 들지 않습니다. 언제 어디서든 누구나 쉽게 실천할 수 있습니다.

말버릇의 근사한 마법을 활용해 한결 가벼운 몸과 마음으로 자신이 바라는 인생을 살아가기를 진심으로 바랍니다.

말버릇을 바꾸면…

· 자신이 바라는 바가 명확해지며 꿈과 목표를 이루기 쉬워진다.
· 감정 기복이 적어지고 우울해졌다가도 금세 회복된다.
· 콤플렉스에서 벗어나 자신의 장점을 바라보게 되어 자존감이
  높아진다.
· 자기 자신뿐만 아니라 주변 사람을 인정하게 되어 인간관계가
  원만해진다.
· 상상력이 풍부해져서 기발한 아이디어가 떠오른다.
· 미래에 대한 불안, 과거에 대한 후회가 사라지므로 '현재'에 집
  중할 수 있다.
· 행복한 감정을 더 자주 느낀다.

· · ·

차례

1장 눈뜨는 순간부터 잠들 때까지

2장 무심코 입에 담는 부정적 말버릇

3장 '어차피 안 된다'는 착각을 밀어내고 꿈을 이루는 말버릇

4장 원만한 인간관계와 행복을 부르는 말버릇

5장 성공과 돈을 부르고 풍요로움을 끌어당기는 말버릇

6장 감정에 휘둘리지 않고
'지금'을 소중히 하는 말버릇

7장 나를 나답게 만드는 말버릇

1장

눈뜨는 순간부터
잠들 때까지

1

"좋은 아침!
오늘은 최고의 하루가 될 거야"

말버릇 중에서도 아침에 일어나 처음 내뱉는 말, 하루의 첫마디에는 강력한 힘이 있습니다.

잠에서 깬 순간 우리의 의식은 꿈(잠재의식)과 현실(현재의식)의 사이에 있습니다. 몽롱한 몇 분 동안 내뱉은 말은 '암시'로서 잠재의식에 자리 잡습니다.

눈을 뜨자마자 "좋은 아침!"이라고 나 자신에게 인사해주세요. 이어서 "오늘은 최고의 하루가 될 거야" 하고 소망을 덧붙입니다.

그러면 뇌의 무의식 컴퓨터는 이 말에 따라 '설정'을 시작합니다.

잠재의식에 파고들어 '날씨가 좋아서', '몸이 개운해서', '즐거운 모임이 기다리고 있으니까'라며 그 이유를 찾기 시작합니다.

자연스레 마음이 가벼워지고 이런 설정에 어울리는 현실이 만들어지는 선순환이 발생합니다.

반대로 "최악의 날이네", "회사 가기 싫다" 같은 말을 입에 담으면 어떻게 될까요. 그 순간부터 우리 뇌는 회사에 가기 싫은 이유를 찾기 시작합니다.

온종일 우울한 기분이 이어지며 현실을 더욱 나쁜 방향으로 몰고 가는 부정적 에너지에 지배받게 됩니다.

명확한 소망이 있다면 잠에서 깨자마자 "오늘 영업에서 분명 좋은 성과가 나올 거야", "꼭 나만의 카페를 열어야지" 하고 바라는 바를 자신에게 들려주세요.

인간은 깨어 있는 시간에도 90퍼센트 이상 무의식의 힘으로 움직인다고 합니다.

자신의 의지나 역량에 지나치게 의존하지 마세요.

무의식에 '그렇게 된다'는 믿음을 새기는 것이 중요합니다. 긍정적 한마디로 하루를 여는 말버릇은 적은 에너지로 근사한 인생을 향해 가는 데 요긴한 이정표입니다.

2

"자, 일어나자!"
"좋아, 이것부터 해보자!"

아침에 침대에서 나오기가 힘들어 계속 뭉그적거리거나 자기도 모르게 일어나자마자 휴대전화를 들여다보게 된다고 호소하는 사람이 있습니다. 이처럼 유난히 아침이 힘든 사람에게 알맞은 말버릇이 있습니다.

"자, 일어나자!" 하고 소리 내어 말하며 몸을 일으키는 것입니다.

쓸데없는 생각은 지우고 일단 행동하는 것이 핵심입니다. 기합 소리를 내며 단숨에 일어나면 멍하던 머리에 스위치가 켜지면서 정신이 맑아집니다.

이불 안에서 꾸물대는 시간이 길어질수록 기분도 처집니다.

아침에는 도통 일할 기분이 나지 않고 점심때가 지나서야 의욕이 생긴다는 사람도 있습니다.

이처럼 아침이 버겁게 느껴진다면 "우선 침대 정리부터 해보자!" "우선 세수부터 해보자!" "우선 물을 마셔보자!" 같은 구호와 함께 모닝 루틴을 시작해보세요.

머리로 이것저것 생각하지 말고 물 흐르듯 일련의 움직임을 진행하는 것이 루틴입니다. 루틴을 실행하면 하나의 성공체험이 되어 자신감이 쌓입니다.

저의 오랜 루틴 중 '기상 직후 침대 정리하기'는 하루의 의욕을 불러일으키는 데 효과가 뛰어납니다. 1분도 채 걸리지 않는 간단한 일이지만 끝내고 나면 '한 가지 완성!'이라는 소소한 성취감이 느껴집니다. 자연스럽게 다음 행동으로 이어지며 하루의 좋은 흐름을 만들어냅니다.

약속이 있는데 어쩐지 기분이 내키지 않는 날에도 "자, 우선 세수부터 해보자!" 하고 소리 내어 말하고 움직이기 시작합니다. 그러면 세수를 하고 화장이 끝날 때쯤에는 '마음껏 즐기고 와야지'라며 자세가 어느덧 달라져 있습니다.

억지로 의욕을 내려고 애써봐도 마음은 쉽사리 바뀌지 않습니다.

의욕과 컨디션은 적극적인 행동 뒤에 저절로 따라옵니다. 이때 행동의 시작을 만드는 것이 바로 "좋아, 이것부터 해보자!"라는 말 버릇입니다.

3

"이 정도야 간단하지!"
"금방 끝내주겠어!"

예전에 "간단하지!"가 말버릇인 동료가 있었습니다.

상사에게 업무 지시를 받고 제가 "아, 귀찮아", "시간이 오래 걸리겠는데"라며 투덜거릴 때 그 동료는 "이 정도야 간단하지!", "얼른 끝내버리겠어"라며 곧바로 일을 시작했습니다.

제가 꾸물거리며 일을 미루고 한 가지 업무를 질질 끄는 동안 동료는 자신의 업무를 착착 처리해나갔습니다.

그런 동료의 영향을 받아 저도 마음이 무거울 때일수록 "간단하지!"라고 되뇌기 시작했는데 그러자 놀라울 만큼 마음이 가벼워지며 일에 착수하기가 한결 수월해졌습니다.

특히 메일 회신, 보고, 연락, 회의, 정리 등 마음만 먹으면 금방 끝낼 일인데도 귀찮게 느껴질 때는 "이 정도야 간단하지!"라는 말로 제 등을 살짝 밀어줍니다.

어떤 말을 사용하느냐에 따라 받아들이는 방식이 달라집니다. 긍정적인 말을 사용하면 적극적으로 행동하게 되고 부정적인 말을 사용하면 소극적으로 행동하게 됩니다.

"어렵다", "힘들다", "귀찮다"가 말버릇이면 행동이 그 말에 걸맞게 느리고 소극적으로 나올 수밖에 없습니다.

현실적으로 불가능한 일에 "간단하지!"라고 말하기는 어렵지만 사실 우리가 일상에서 만나는 대부분의 일은 그렇지 않습니다.

마음만 먹으면 바로 할 수 있는데 도통 시작하기 힘든 일이 있나요? 자신이 바라던 일인데도 미루는 사이에 귀찮아진 일이 있지 않나요?

여행처럼 분명 자신이 원하는 일도 시간이 지날수록 첫발을 내딛기가 어려워집니다. 어쩐지 점차 번거롭고 귀찮게 느껴집니다.

지금 당장 "간단하지!"라고 말하며 가뿐하게 끝내보면 어떨까요.

4

"딱
5분만 해보자"

자꾸만 미루며 좀처럼 손을 뻗기가 힘들 때 유용한 말버릇이 하나 더 있습니다.

"딱 5분만 해보자"라고 소리 내서 자신에게 말해보세요.

정리, 요리, 운동 등 '오늘은 기분이 나지 않아'라고 생각했는데 막상 하기 시작하면 어느새 열중해서 즐기게 되는 일이 있지요.

어떤 일이든 맨 처음, 첫발을 뗄 때 에너지가 가장 많이 듭니다.

의욕이 나기를 기다려도 좀처럼 의욕은 일지 않습니다.

일단 발을 떼고 나아가다 보면 의욕은 솟아납니다. 이때 첫발을 떼도록 '의욕 스위치'를 켜는 말이 "딱 5분만 해보자!"입니다. 이 말로 처음 5분을 강제로 움직임으로써 저절로는 켜지지 않는 스위치를 직접 올리고 가속을 붙여가는 작전입니다.

제가 즐겨 쓰는 방법은 "자, 이제 시작!"이라고 말하며 타이머로 5분을 설정하는 것입니다. 째깍째깍 시간의 경과를 느끼면서 일하다 보면 신기하게도 어느새 집중 모드에 돌입합니다.

5분 동안 해봐도 영 내키지 않으면 그때 그만둬도 되지만 대체로 '조금 더 해볼까'라는 생각이 들기 마련이지요.

정리해야 할 때는 "이 서랍만 정리하자", 책을 읽을 때는 "다섯 쪽만 읽자", 일할 때는 "이 부분만 끝내자" 등 무슨 일이든 처음에는 목표를 낮게 잡아야 쉽게 시작할 수 있습니다.

"5분만 해보자", "이것만 하자" 하고 스몰 스텝을 반복하다 보면 자기도 모르는 사이에 커다란 힘이 쌓여갑니다.

원리는 간단하지만 매우 유효한 전략이므로 꼭 시도해보시기 바랍니다.

5

"잘 먹겠습니다!"
"맛있다!"

혼자 식사할 때도 소리 내서 "잘 먹겠습니다!" 인사하고 "맛있다!"라고 말하며 천천히 맛을 음미한 다음, 다 먹으면 "잘 먹었습니다!" 하고 자신에게 말합니다.

하나의 의식처럼 식사 때마다 이런 말을 해보면 음식에 대한 감사함, 맛있는 음식을 즐기는 기쁨이 가슴에 와닿으며 본능적인 행복감이 밀려옵니다.

특히 눈으로 보고 냄새를 맡으며 "맛있겠다. 식욕이 돋네", 맛을 보고 "바삭바삭한 식감이 일품이네", "간이 딱 좋다"라고 하는 식으로 오감을 활용해 음식을 충분히 음미하는 과정은 마음을 긍정적으로 만듭니다.

"맛있다"고 말하며 음식을 먹으면 뇌에 '맛있는 것을 먹는다'고 입력되어 더욱 맛있게 느껴집니다. 천천히 씹으며 음미하는 습관은 과식을 예방하는 효과도 있습니다.

반대로, 아무리 맛있는 음식이라도 부산스럽게 휴대전화를 보면서 음식을 쓸어 넣듯 입에 넣으면 맛도 느껴지지 않고 만족감도 얻기 힘들겠지요.

특히 누군가와 함께 먹을 때는 "정말 맛있다", "역시 제철 과일은 맛있어"라는 말을 건네면서 맛의 감동을 나눠보세요. "맛있다"는 말이 증폭시키는 미식의 '쾌감'은 마음을 편안하게 해주고 분위기를 부드럽게 만듭니다.

행복한 시간을 나눔으로써 동료 의식이 생겨나고 대화 내용도 긍정적인 방향으로 흘러갑니다. 가족이나 동료와 어색할 때도 "맛있다!"고 말하며 음식을 함께 먹기만 해도 관계가 한결 부드러워지겠지요.

매일 반복되는 식사 시간에 "잘 먹겠습니다", "맛있다!", "잘 먹었습니다"라고 말하며 음식을 충분히 음미하는 것은 건강한 마음을 유지하는 데 도움이 됩니다.

6

"하늘이 참 예쁘다"
"그 이야기 정말 재밌다"
"감동적이네!"

  즐겁다, 기쁘다, 재미있다, 아름답다, 멋지다, 대단하다, 다정하다, 최고다, 근사하다, 뭉클하다, 깜짝 놀랐다, 이런 감동은 처음이다, 살아있다는 게 행복하다 등 마음의 울림을 표현하는 말은 수없이 많습니다.

  감동의 말을 말버릇으로 만들면 인생이 한층 재미있고 흥미로워지며 더욱 장대한 감동을 경험하게 됩니다.

  이를테면, 아름답게 춤추는 나비를 보고 "굉장하다", "예쁘다", "신기하다"고 감동한 사람은 나비에 대한 호기심이 생겨 조금 더 알아보고 싶어져서 더 많은 나비를 보러 나설지도 모릅니다. 그러면 훨씬 커다란 감동을 느낄 테지요. 패럴림픽에서 선수가 열정을 불태우는 모습을 보며 '인간의 가능성은 정말 대단하구나. 멋지다' 하고 감동하여 새로운 일에 도전하고 싶어질 수도 있습니다.

마음이 움직이면 에너지가 일면서 몸도 움직이게 됩니다.

이런 흐름은 더욱 큰 감동을 만들어냅니다.

감동했을 때 "굉장하다", "재밌다", "대단하다"고 주저 없이 말로 표현하며 마음의 움직임을 의식해보세요. 한층 깊은 수준으로 음미하게 될 뿐만 아니라 새로운 감동을 맛보고 싶어집니다.

감동의 순간을 제대로 음미하지 않으면 감수성과 행동력이 둔해지고 마음이 메말라갑니다.

감동할 거리는 일상 속에 무궁무진합니다.

사소하고 흔한 일에도 깊이 감동할 줄 아는 사람은 부드럽고 유연하게 생각하며 인생을 즐길 줄 아는 사람입니다.

7
"아, 행복해!"

"행복하다!"는 사실 20세기 초에 태어나신 아버지의 말버릇입니다.

당시에는, 특히 남자 중에는 드물지 않았을까 싶습니다.

논두렁을 걸을 때도 "바람이 상쾌하네. 행복하다", 오랜만에 가족이 모여 식사할 때도 "이리 행복할 수가", 본인이 입원하셨을 때도 "이렇게 좋은 병실에 있다니 행복하구나" 하고 어떤 일에서든 행복을 찾아내는 게 특기였습니다. 그래서 늘 싱글벙글 기분이 좋은 분이었지요.

가까운 사람이 연신 "행복하다"며 기뻐하면 옆에 있는 사람도 덩달아 기분이 좋아지고 마음이 편안해집니다. 아버지 덕분에 어느샌가 "행복하다!"는 저의 말버릇이 되었습니다.

맛있는 음식을 먹을 때 "아, 행복해!", 따뜻한 물에 몸을 담글 때나 마사지를 받을 때 "아, 행복하다!", 친구와 실컷 수다를 떨며 깔깔 웃을 때 "아, 행복해!"라는 말을 자주 합니다.

'행복'은 노력해서 쟁취하는 것이 아니라 깨닫고 느끼는 것입니다. 특히 눈으로 귀로 코로 입으로 손으로, 오감을 통해 기쁨을 느꼈을 때 "아, 행복해!"라는 말은 그 기쁨을 더욱 크고 진하게 만듭니다.

설령 지금 행복을 실감하지 못하더라도, 오히려 실감하지 못할 때일수록 "아, 행복해!"라고 소리 내서 말해보세요.

그러면 자연스럽게 '행복한 이유'가 떠오릅니다. '건강해서 행복하다', '할 일이 있어서 행복하다', '느긋하게 집에 있을 수 있어서 행복하다' 하고 눈앞의 행복을 바라보는 습관이 생깁니다.

자칫 새로운 행복만을 좇기 쉽지만 행복의 기본은 '현재의 행복을 만끽하기'입니다. 지금의 행복은 당연한 듯 보여도 영원한 것이 아닙니다. 이 순간의 행복을 깊이 음미해보세요.

8

"두근두근해!"
"설레는 쪽을 택하자!"

친한 친구에게 "내 말버릇이 뭐야?"라고 물었더니 친구는 곧장 "설렌다!"라는 말을 꼽았습니다.

확실히 자주 입에 담는 말 중 하나입니다.

보고 싶던 영화를 보러 가는 길 "정말 설렌다!", 모임이나 여행 계획을 세울 때 "두근두근해!", 새로운 사람을 만나거나 새로운 일에 도전할 때도 "와, 설렌다!" 하고 말합니다. 대체 저는 얼마나 가슴 뛰는 일을 좋아하는 사람인 걸까요.

"설렌다"는 즐거움, 기쁨, 좋아함, 희망, 호기심, 행복 등이 한데 섞

여 진심으로 원한다는 의미이며 엄청난 에너지를 품은 말입니다.

어떤 일을 앞두고 마음이 설렌다면 '이대로 진행해도 된다'는 신호입니다. 마음이 설레는 쪽을 따라가면 '해야 할 일'이 아니라 '하고 싶은 일'이 됩니다. 의욕 스위치가 켜지며 전력을 다해 목적지를 향해 나아갈 수 있습니다.

'어떤 일을 할까', '어디에 살까', '어떤 옷을 입을까', '무엇을 하며 놀까', '어디로 여행갈까' 사소한 선택부터 커다란 결단까지 설레는 쪽을 택하기 시작하자 인생이 순조롭게 흘러갔습니다. 도중에 어려움이 닥쳐도 설레서, 제가 좋아서 하는 일에는 후회가 없습니다.

물론 살다 보면 설레지 않는 일도 해야 할 때가 있습니다. 그럴 때는 "이렇게 해보면 좋겠다", "저렇게 해보면 어떨까" 하고 의도적으로 설레는 부분을 찾아보며 새로운 의욕 스위치를 만들어봐도 좋겠지요.

"설렌다!"를 말버릇으로 삼으면 어떤 경험, 어떤 세계가 자신을 기쁘게 만드는지 알게 됩니다. 설레는 일을 하면 몸도 마음도 머리도 늙지 않습니다. 가슴 뛰는 설렘으로 하루를 채우며 인생을 즐겨보면 어떨까요.

9

"마침 잘됐다!"

"마침 잘됐다!"는 좋은 일이 있을 때는 물론이고 좋지 않은 일이 일어났을 때도 제가 자주 사용하는 말입니다.

선물을 받았을 때는 "마침 잘됐다! 갖고 싶던 거야", 사려던 물건의 할인이 시작되면 "마침 잘됐다! 운이 좋네"라고 말합니다. 그러다 보니 어쩐지 '나는 운이 좋은 사람'이라고 믿게 되었지요.

일이 생각대로 되지 않을 때도 이 말은 유용합니다. 쇼핑 가서 원하던 물건을 찾지 못하면 "마침 잘됐어. 쓸데없이 돈 낭비할 뻔했네", 상대가 약속 시각보다 늦게 올 때는 "마침 잘됐네. 나도 할 일이 있었는데", 외출할 일이 있는데 비가 올 때는 "마침 잘됐네. 요즘 건조했는데 단비구나"라며 부정적인 상황을 긍정적으로 인식함으로써 기분이 달라집니다.

눈앞의 상황을 인정하지 않는 것이 아니라 인식하는 방식을 달리하는 것입니다. "마침 잘됐다!"란 말이 상황을 긍정적으로 받아들여 '예상과는 다르지만 오히려 잘됐네'라고 생각하게 만듭니다.

기대했던 결과가 나오지 않았을 때도 우선 "마침 잘됐어"라는 말을 내뱉으면 '다시 초심으로 돌아갈 수 있는 좋은 경험이었다', '이번 실패를 양분으로 삼아서 다음에는 나의 진가를 보여줘야지' 하고 뇌는 저절로 '마침 잘됐어'에 걸맞은 스토리를 떠올려냅니다.

"마침 잘됐다"를 말버릇으로 삼으면 그 말의 이유가 떠올라 힘이 납니다.

모든 일이 최적의 시기에 일어난다고 생각하므로 초조하거나 불안해하지 않으며 그 순간의 행복을 찾게 됩니다.

상황을 부정적으로 인식하며 고개를 떨구고 있어도 좋은 일은 일어나지 않습니다.

"마침 잘됐다!"고 말해보세요. 고개를 들고 앞으로 한발 나아갈 힘이 생깁니다.

10

"자, 심호흡!"

바쁜 일상에 쫓기다 보면 초조해지거나 짜증 나는 상황을 종종 만납니다. 새로운 사람을 만나는 자리에서 긴장하기도 하고 맡은 책임이 무거워서 스트레스가 쌓이거나 업무상 실수로 마음에 부담을 느끼는 일도 있겠지요.

그럴 때 언제 어디서든 효력을 발휘하는 말버릇이 있습니다. "자, 심호흡!"입니다.

흔히 "긴장하지 마!", "짜증 내면 안 돼"라고 되뇌면서 억지로 마음을 가라앉히려는 사람이 많습니다. 그런데 실제로는 '긴장하면 안 된다'고 생각할수록 몸이 굳어 움직임이 뻣뻣해지면서 마음은 더욱 초조해집니다.

우선은 "자, 심호흡!"이라고 말해보세요. 주변에 사람이 있을 때는 속으로 외쳐도 됩니다. 코로 천천히 숨을 들이마시고 들이마신 시간의 두 배만큼 시간을 들여서 입으로 숨을 내뱉습니다.

'숨을 들이마신다―숨을 내뱉는다'라는 호흡에 집중하면서 다섯 번 정도 반복하면 서서히 몸의 긴장이 풀리고 마음이 진정됩니다.

순간적으로 짜증이 솟구칠 때도 "자, 심호흡!"은 무척 유용합니다. 감정에 휩쓸려 괜한 말을 뱉고 나면 나중에 후회하기 십상이지요. 순간적인 감정은 10초만 지나도 가라앉으니 냉정해진 후에 말을 꺼내는 편이 현명합니다.

저도 하루에 몇 번이나 "자, 심호흡!"을 활용합니다.

이를테면 연재 마감일이 코앞인데 한 줄도 쓰지 못했을 때 마음만 초조해져서 도통 집중이 되질 않습니다.

그때는 마음이 가라앉을 때까지 심호흡을 합니다. 평상심을 되찾고 나서 '지금 할 수 있는 일에 집중하자'고 생각하며 눈앞의 일을 마주하다 보면 어느새 집중하게 됩니다.

마음이 편안할 때 능력이 최대치로 발휘됩니다. "자, 심호흡!"으로 평상심을 찾아보세요.

11
"고맙습니다"

"고맙습니다"는 모든 이를 행복하게 만드는 마법의 말입니다. 일하기 싫어질 때도 '감사'는 마음을 바꾸어놓습니다. '일할 수 있다는 게 감사하다', '좋은 동료와 함께라 감사하다'고 생각하면 일에 대한 자세도 주변 사람을 대하는 자세도 달라지겠지요.

일본어로 '고맙다有難う'라는 말은 '고귀한 존재'라는 의미에서 유래되었습니다. 모든 것을 '부족하다'가 아니라 '족하다'고 생각하면 최상급의 긍정이 됩니다.

"고마워요"라는 말은 기쁨은 더욱 크게 만들고 슬픈 일이나 괴로운 일에서도 즐거움과 행복을 발견하는 힌트를 줍니다.

누군가와 이별했을 때도 잃어버린 것을 한탄하지만 말고 "고마워요"라고 소리 내어 말해보면 그 사람과 만나서 좋았던 일, 그 만남으로 배운 것들을 떠올리며 현재 자신이 가지고 있는 것, 자신에게 주어진 것에 초점이 맞춰집니다. "고마워요"는 어떤 일이든 겸허히 받아들이게 만들어 오셀로게임 알을 획획 뒤집듯이 단숨에 마음을 정화해주는 말입니다.

스스로 행복해지는 것, 자신의 꿈을 이루는 것, 주변 사람에게 상냥하게 대하는 것도 '감사의 마음'이 바탕이 됩니다. 일의 성과나 금전적 이득보다 자기 곁에 있는 사람, 자신이 놓인 환경, 자신의 존재 등 당연하게 느껴지는 것들에 솔직하게 감사할 줄 아는 자세가 중요합니다.

무언가를 바라기 전에 감사해보세요. 인생이 크게 달라집니다.

아침에 잠에서 깰 때, 식사할 때, 호의를 받았을 때, 나이를 먹어갈 때, 누군가와 이별할 때 등 어떤 상황에서나 "고맙습니다"는 유효합니다.

"고맙습니다"가 말버릇이 되면 언제나 자신을 응원해주는 신비한 힘이 느껴집니다.

12

"좋았어!"
"느낌이 좋아!"
"이대로 쭉 해보자고!"

원래 인간은 좋은 것보다 안 좋은 것에 주의를 기울이게 됩니다. 사람들은 대부분 일이나 가족관계 등 어떤 분야에서든 순조롭게 진행되는 것을 당연하게 여기며 불안한 요소가 하나라도 나타나면 "어쩌지, 큰일 났다"며 몹시 초조해합니다.

오래전부터 인간은 살아남기 위해 좋은 일보다는 '위험'에 민감하게 반응할 필요가 있었기에 이런 반응은 자연스러운 셈입니다.

그런데 한번 곰곰이 생각해보시기 바랍니다.

현실적으로 매사가 순조로울 수 있나요? 아무 문제도 일어나지 않는 것이 오히려 드물고 귀한 일입니다.

약속 시각 5분 전에 도착했다, 업무가 생각보다 일찍 끝났다, 상사에게 칭찬을 받았다, 사려던 물건을 다 샀다 등 일이 계획대로 진행될 때는 "좋았어!" "느낌이 좋아!" "이대로 쭉 해보자고!"라는 말로 자신을 응원해주세요.

저는 사실 걱정이 많은 사람이었습니다. 한 가지라도 일이 잘 풀리지 않으면 '다 망쳤다', '다음에도 잘 안될 거야'라며 좀처럼 우울한 기분을 떨쳐내지 못했습니다.

지금은 하루에도 몇 번씩 "좋았어!" "느낌이 좋아!" "이대로 쭉 해보자고!"라며 저 자신에게 응원 구호를 보냅니다.

다소 기분이 가라앉을 때도 "괜찮아", "할 수 있어. 할 수 있어"라고 제게 말합니다.

열심히 달리는 마라톤 선수를 향해 외치듯이 저 자신을 응원합니다.

"좋았어!"를 말버릇으로 만들면 놀랍도록 기분이 밝아집니다. 마음이 한결 가벼워지고 어쩐지 일도 잘 풀리는 느낌이 듭니다. 말버릇에 따라 세상을 보는 눈이 달라집니다. 좋은 일이 있을 때는 물론이고 아무 문제 없이 무탈할 때 그리고 어려운 상황에 놓였을 때조차 "좋아, 좋아!"라는 말로 자신을 격려해주세요. '기분'은 자기가 만드는 것입니다.

13

"예쁘다!"
"멋있다!"

무심코 온종일 자신의 못난 부분을 들추며 지적하고 있지는 않나요?

거울을 보면서 "늙었네", 체중계에 올라서 "왜 살을 못 빼는 거야", 약속 시간에 아슬아슬하게 도착해서 "한심하게 간신히 도착하다니"라는 식으로요.

마음속으로 자기 자신에게 하는 말을 심리학 용어로 '이너 스피치inner speech'라고 합니다.

평소 무의식중에 떠올리는 이너 스피치가 늘 부정적이면 '무엇을 선택할까', '어떤 말을 할까', '어떻게 행동할까'라는 의식적 의사 결정도 부정적인 방향으로 흘러갑니다.

자신에게 건네는 이너 스피치를 긍정적으로 전환하면 사고와 행동도 자연스레 달라집니다.

이런 방법 중 하나가 '나를 칭찬하기'입니다. 조금 쑥스러울 수도 있겠지만 거울을 볼 때마다 "예쁘다", "귀엽다", "멋있다" 등 자신에게 칭찬의 말을 해주세요. 체중계에 올라서도 "좋아, 좋아! 현상 유지를 목표로!", 출근 시간에 늦지 않았다면 "잘했어!"라고 나 자신을 칭찬해주세요.

어떤 칭찬이든 상관없습니다. 마음속으로는 무슨 생각을 하든 자유니까요. 남이 뭐라든 나만큼은 절대적인 내 편이 되어주세요. 칭찬해주고 다독여주세요.

우선 거울 앞에 서서 사랑하는 연인을 칭찬하듯이 자신에게 칭찬의 말을 건네봅니다.

"귀가 예쁘게 생겼네", "그 옷 잘 어울린다"처럼 겉모습을 칭찬해도 좋고 "상냥하다" "성실하구나"라고 내면을 칭찬해도 좋습니다. "○○를 잘하네"라고 특기를 칭찬할 수도 있고, "마지막까지 열심히 했구나" 하고 자세를 칭찬할 수도 있겠지요. 칭찬할 거리는 무궁무진합니다.

자신에게 칭찬하는 말을 건네면 언제 어디서든 '나도 꽤 쓸 만한 사람이다', '나도 할 수 있다', '나는 운이 좋다'라는 생각이 들며 자신감이 생깁니다. '칭찬하며 성장시키기' 전략은 나 자신에게도 유효합니다. 인간은 사실 누구보다 자기 자신에게 가장 인정받고 싶어 하는 존재니까요.

14

"참 애썼다!"

일, 시험, 결혼 등의 '결과'가 좋으면 스스로 '잘했다'며 자신을 칭찬하지만 그렇지 않은 결과가 나오면 '난 왜 이렇게 못났을까'라고 자책하는 경우가 많습니다.

결과가 좋든 나쁘든, 성공하든 실패하든 "참 애썼다!"라고 그 과정을 칭찬해보면 어떨까요. 결과가 어찌 됐든 자신이 무언가를 했다는 증거라는 데 커다란 의미가 있습니다. '조금 더 열심히 해야 했어'라며 후회하나요? 분명 그때는 최선을 다했을 것입니다.

세상사는 '좋은 결과=모든 과정을 긍정', '기대에 미치지 못하는 결과=모든 과정을 부정'처럼 단순하지 않습니다. 결과는 과정에 뒤따르는 것으로 다양한 조건이 겹쳐져서 발생합니다. 열심히 해도 성과가 나오지 않을 때도 있고 열심히 하지 않았는데 성과가 나오는 경우도 있습니다. 결과도 물론 중요하지만 넓은 관점에서 인생을 바라볼 때 어떤 결과를 얻느냐보다 중요한 것은 '희망을 품고 매 순간 집중해서 살아가는 것'입니다.

한 가지 일을 끝냈다면 "열심히 했다!", 영업 성과가 기대만큼 나오지 않아도 "최선을 다했어!", 상사에게 질책을 들어도 "잘 견뎠다", 퇴근길에서도 "오늘 하루도 수고 많았어!"라고 노력한 과정을 인정해주세요.

과정을 칭찬하는 말버릇은 일하는 마음가짐에 긍정적 변화를 가져옵니다.

저는 하루에도 여러 번 "열심히 했다!" "애썼다" 하고 자신을 칭찬합니다. 과정 뒤에 따라올 결과보다는 지금 할 수 있는 일에 집중하며 과정 자체를 즐기는 자세가 생깁니다.

의식적으로 반복하지 않으면 자칫 잊기 쉬운 말이니 자신의 말버릇으로 꼭 만들어보세요.

15

"오늘 하루도 고마웠어"
"내일은 분명 좋은 하루가 될 거야!"

아무리 좋지 않은 일이 있어도 잠자리에 부정적인 말을 가져와서는 안 됩니다. 잠에서 깼을 때와 마찬가지로 잠드는 순간은 자신의 말이 잠재의식에 새겨지기 쉬운 골든 타임입니다. 그때 떠올린 생각이 잠재의식에 굳게 자리를 잡습니다.

자려고 누워서도 화났던 일이나 우울한 일들을 떠올리며 이리저리 생각하는 습관이 있으면 불안감에 잠들기가 어렵고 마음에는 부정적인 생각들이 쌓여갑니다.

잠들기 전에는 마음을 정돈하는 하나의 '의식'을 정해놓고 시행

해보세요.

저는 눕기 전에 제 안의 부정적인 생각을 솔로 쓸어내듯이 손바닥으로 몸을 쓱쓱 문지릅니다. 비슷한 느낌으로 스트레칭이나 마사지를 하는 사람도 있겠지요. 저는 이런 일련의 동작을 마치면 이불에 들어가 저 자신에게 이렇게 말합니다.

"오늘 하루도 고마웠어."

다사다난했지만 오늘이라는 하루가 존재했다는 것, 어떻게든 무사히 하루를 마쳤다는 것, 웃음 나는 일, 눈물 나는 일, 이렇게 누워 잠들 수 있다는 자체가 감사한 일이라고 생각하면 몸과 마음이 서서히 따뜻해집니다. 감사의 에너지에 포근히 싸여 잠들면 아침에 상쾌하게 눈이 떠집니다. 일상에서도 감사할 순간들이 점점 많아집니다.

"내일은 분명 좋은 하루가 될 거야" 하고 자신의 소망을 담아 말해도 좋습니다.

마음이 답답할 때도 "내일 눈 뜨면 분명 기분이 맑아져 있을 거야", 고민하는 일이 있을 때는 "괜찮아. 내일은 분명 좋은 답이 나올 거야" 하고 자신에게 암시를 겁니다.

무의식은 우리가 잠든 사이 과제의 답을 찾고자 분투합니다. 다음 날 일어나면 "이렇게 해야겠다!"라는 결심이 서기도 하고 꽉

막혔던 고민거리의 답이 번뜩 떠오르기도 합니다.

어떤 하루를 보냈든 잠들기 전에는 자신에게 "고마워"라는 감사와 "분명 ○○하게 될 거야"라는 희망의 말을 건네며 마법을 걸어 보세요.

2장

무심코 입에 담는
부정적 말버릇

16

"지금이 남은 인생에서
가장 젊은 날!"

지금의 생활은 자신이 바라던 모습인가요?

'대체로 비슷하다' 또는 '기대 이상'이라는 사람도 있을 테고 '전혀 다르다', '최악의 상황'이라고 생각하는 사람도 있겠지요.

사실 인생의 스토리는 우리가 무의식중에 내뱉는 말들이 만들어냅니다. 뇌의 무의식 컴퓨터는 입으로 꺼낸 말의 의미를 파악해서 현실로 재현하고자 부단하게 노력합니다. 별생각 없이 꺼내는 말이라도 반복되면 뇌의 컴퓨터는 현실을 그 말대로 만들기 위해 끊임없이 머리를 가동합니다.

"나이가 많아서"라는 말버릇도 그중 하나입니다. "나이가 많아서 그런 건 못해", "이 나이에 무슨, 그런 옷은 못 입어", "이 나이에 그런 일을 어떻게 해"라고 말하면 뇌는 '나이 많음'에 초점을 두고 그것에 맞게 '포기하는 버릇'을 만들어 삶의 활기를 빼앗아갑니다. 겉모습도 자연히 더 늙어 보이겠지요.

"나이가 많아서"라는 말은 누구를 향한 변명일까요? '나는 늙었다', '이제 끝났다'고 자기 자신에게 말하는 것이나 다름없습니다.

저는 삼십 대에 포기하는 버릇이 생기려 할 때 "나이가 많아서"라는 말을 '금기어'로 정했습니다.

그 말 대신 "오늘은 앞으로의 인생에서 가장 젊은 날"이라고 저 자신에게 말했습니다. 그러자 유학, 새로운 취미에 대한 도전, 입어본 적 없는 색의 옷을 입어보는 것 등 하고 싶은 일을 하는 데 주저함이 사라졌습니다.

이번 장에서는 무심코 입에 담기 쉬우며 삶에 악영향을 가져오는 말버릇, 이와 반대로 긍정적인 영향을 미치는 말버릇을 소개합니다.

밝고 긍정적인 말버릇을 사용하면 기분이 가벼워지며 자신감이 붙고 자기가 원하는 모습에 한결 가까워질 수 있습니다.

17

"그래, 그렇구나"

말버릇은 말하는 사람의 기분과 성격에도 영향을 미칩니다.

이를테면 일이 순조롭지 않거나 찾는 물건이 보이지 않을 때, 업무 실수가 잦은 후배를 가르칠 때 "아, 짜증 나!"라고 말하다 보면 점점 더 초조해져서 성격이 더욱 급해집니다.

언뜻 보기에는 감정을 솔직하게 표현하는 것 같지만, 말로 뱉는 순간 감정과 행동이 그 말에 걸맞게 저절로 프로그래밍 되면서 마음이 더욱 초조해집니다.

게다가 이런 초조함은 주변 사람에게도 쉽게 전염됩니다.

짜증 내는 사람은 가까이 있는 것만으로도 주변 사람에게 피해를 줍니다. 말과 표정, 태도 때문에 다른 사람까지 초조하게 만듭니다. 불안함을 계속 입에 담는 사람이 옆에 있으면 듣는 사람까지 기분이 가라앉고, 긍정적인 말버릇을 가진 사람이 있으면 주변 분위기도 덩달아 밝아집니다.

"짜증 난다", "열 받는다", "화난다", "지긋지긋하다" 등 분노를 표현하는 말버릇은 마음의 독이 됩니다. 이런 상황에서는 "그래, 그렇구나"라고 말하는 습관을 들여보세요.

"그렇구나" 뒤에는 현실을 인정하는 말, 해결에 필요한 말이 이어집니다.

일이 생각대로 되지 않을 때는 "그렇구나. 그런 경우도 있지", 찾는 물건이 보이지 않을 때는 "그렇구나. 우선 다른 것으로 대체해봐야지" 후배가 실수를 거듭할 때도 "그렇구나. 그렇다면 내가 조금 더 자세하게 알려줄게"라고 말하게 됩니다.

'긍정적으로 생각해야 해', '참아야 해'라고 스스로 다그치는 방식과는 다릅니다. "그렇구나", "그래 그렇게 됐구나"라고 말하면 뇌의 작동 기어가 '감정'에서 '사고'로 전환되어 어느샌가 초조함이 가라앉아 마음에 여유가 생기는 것이 느껴집니다.

18

"수고했다!"

흠뻑 땀 흘리며 운동한 후나 큰일을 마치고 성취감을 느끼며 "아, 힘드네!"라며 웃는 사람은 참 생기 있어 보입니다.

그런데 습관처럼 "피곤하다" "힘들다"고 말하는 사람을 보면 하나같이 패기 없고 불만스러운 표정을 짓고 있습니다.

"피곤해"라는 말의 힘은 무척 강력하므로 특히 주의해야 합니다. "피곤해"라는 말이 귀로 들어오면 뇌는 '피곤하다!'라는 지령을 인식하여 자율신경을 어지럽히고 몸을 무겁게 만듭니다.

기분도 가라앉으며 쉽게 짜증이 나고 행동도 소극적으로 바뀝니다.

겁을 주고 싶진 않지만 "피곤해"는 기력도 빼앗아 가는 악마의 주문임을 명심하기 바랍니다. 게다가 "피곤해"라는 말은 주변 사람의 에너지와 다정함까지 빼앗아 갑니다.

퇴근 후 집에 와서 "피곤해"를 연발하면 듣던 사람도 "나도 피곤해!"라고 받아치며 감정이 격해지기 쉽습니다. 직장에서도 도저히 혼잣말 같지 않은 말소리로 "피곤해"를 연발하며 자신의 피로를 드러내는 사람은 '뭐 대단한 일도 안 하면서 피곤한 척하기는!'이라며 뒤에서 눈총을 받을지도 모릅니다.

"피곤해"라는 말이 새어 나올 것 같을 때는 "수고했어. 오늘도 고생 많았어"라고 말하며 자신을 다독여주세요. 옆에서 "피곤해"라고 말하는 사람에게도요.

마음이 따뜻해지며 에너지가 차오르는 것이 느껴질 테지요.

"피곤해"와 "수고했어"는 비슷한 듯해도 전혀 다른 말입니다. "피곤해"라는 말에는 부정적인 뉘앙스가, "수고했어"에는 긍정적인 기운이 담겨있습니다. 색으로 표현하자면 어두운 갈색과 산뜻한 파랑만큼 차이가 큽니다.

온 힘을 다해 오늘도 성실하게 보낸 자신에게 "수고했어"라는 말을 건네주세요.

19

"그렇다면"
"그러니 더욱"
"이왕이면"

기본적으로 인간의 뇌는 '부정하기'의 천재입니다.

우리 뇌에는 '지금 상황을 최대한 유지하고자 하는 성질'인 '심리적 항상성'이 있습니다. 새로운 습관을 만들기 어려운 것도, 새로운 도전에 겁이 나는 것도 변화보다 안정을 원하는 심리적 항상성 때문입니다.

가령 "캠핑 갈래?"라는 제안을 받으면 순간 '재밌겠다'라는 생각이 들어도 "그런데 귀찮아", "그렇지만 해본 적 없어", "어차피 그냥 한번 해본 말일 텐데"라며 하지 않을 이유, 하지 못할 이유를 생각해냅니다.

"그런데", "그렇지만", "어차피"라는 부정 삼총사를 자주 입에 담으면 심리적 항상성이 더욱 강화되어 부정하는 버릇이 생깁니다. 기회가 와도 "그런데"라고 말하는 순간 움직임을 주저하게 됩니다.

앞으로 나아가려면 부정 삼총사 말버릇을 봉인하여 심리적 항상성을 깨뜨릴 필요가 있습니다.

이러한 말을 자신의 금기어로 정하고 말로 내뱉지 않으려고 의식하다 보면 지금껏 얼마나 쓸데없는 저항을 거듭했는지 깨닫게됩니다.

무심코 부정의 말을 사용했다면 바로 이어서 "그렇다면", "그러니 더욱", "이왕이면"이라는 긍정의 말을 더해보세요. 이를테면 다음과 같습니다.

"그런데 귀찮아" → "그렇다면 쉬운 것부터 시작해볼까?"

"그렇지만 해본 적 없어" → "그러니 더욱 신선하고 재밌겠다!"

"어차피 그냥 한번 해본 말일 텐데" → "이왕이면 실컷 즐겨야 겠다!"

이처럼 긍정의 표현을 말버릇으로 만들면 자연스레 도전할 이

유와 방법을 찾는 버릇이 생겨서 하고 싶은 일에 한 걸음 다가가게 됩니다.

머릿속 생각은 대부분 긍정과 부정으로 나닙니다.

뇌에 긍정적인 말을 입력하는 습관만큼 자신을 행복하게 만드는 습관은 없을 테지요.

20
"그런 것도 있지"
"그런 점도 있겠다"

"그러니까" "결국" "역시"를 습관처럼 사용하는 사람 중에는 머리 회전이 빠르고 일 처리가 야무진 사람이 많습니다. 뇌는 '모호함'을 싫어합니다. 생존을 위해서는 좋고 나쁨을 확실하게 선별할 필요가 있기 때문입니다. 이를테면 어쩐지 마음에 걸리는 말을 들었을 때 "그러니까 무슨 말이 하고 싶은 거야?" "결국 내가 잘못했다는 거야?" "역시 예전 일을 아직도 담아두고 있네"라며 상대를 몰아세우며 결론을 내려는 사람이 있습니다.

모호함을 견디지 못하고 뭐든 확실하게 선을 긋지 않으면 성이 풀리지 않는 성격은 오해하거나 편견을 가지기 쉽다는 약점을 지닙니다. 자신이 맞는다는 전제하에 '그것은 틀렸다', '그는 형편없는 사람이다'라고 충분치 않은 정보를 바탕으로 결론짓는 흑백사고에 빠질 가능성이 큽니다.

'오만하다', '남의 의견을 듣지 않는다', '고집불통이다'라고 평가받기 쉬울 뿐만 아니라 이런 사고방식으로 가장 피해를 보는 사람은 다름 아닌 자기 자신입니다. 뭐든지 흑백으로 나누는 이분법 사고 때문에 초조함이 가시지 않습니다. 늘 초조해하며 다음 단계로 이동하지 못하기에 스트레스가 쌓일 수밖에 없겠지요.

미래를 위해 나아가는 데 필요한 것은 흑백 구분이 아니라 모호한 회색을 받아들이는 일입니다. "그러니까", "결국", "역시"라고 단정 짓는 말 대신 "그럴 수도 있지"라고 말해보세요.

귀에 거슬리는 말을 들어도 "뭐 그럴 수도 있지", 상대나 자신의 결점을 발견했을 때도 "그런 점도 있지", 일이 잘 풀리지 않을 때 "그럴 때도 있는 거지"라고 하는 것입니다.

흑도 백도 아닌 회색을 받아들이면 자신이 보는 것이 극히 일부에 지나지 않음을 깨닫게 되어 마음이 가벼워집니다. 모르는 채로 있어도 괜찮다며 흘려넘길 줄 알고 현실적으로 현명하게 대처할 수 있게 되므로 삶이 한결 편안해집니다.

21
"난 이게 좋아"

"점심 뭐 먹을까? 뭐 먹고 싶어?"라는 질문을 받으면 무심코 "아무거나 상관없어"라고 말하는 사람이 있지요.

"뭐든지 좋아", "아무거나 상관없어"는 상대를 존중하는 처세술의 일환일 때도 있지만 듣는 사람에게는 그만큼 곤란한 답변도 없습니다. 무언가를 정하는 일에는 에너지가 필요합니다. "아무거나 상관없어"라는 말을 남용하다 보면 '남에게 떠넘긴다', '믿음직스럽지 못하다', '주관이 없다'라는 평가를 받게 됩니다.

잘 보면 "뭐든지 좋아", "아무거나 상관없어"라고 말하는 사람치고 상대 의견에 기분 좋게 찬성하는 사람은 드뭅니다. 상대방의 결정에 "그건 좀……"이라며 불평하거나 일의 결과가 좋지 않을 때 "이거 누가 정했어?"라며 남 탓을 하는 경우가 많지요. 다른 사람이 결정한 것이니 다른 사람 탓으로 돌리고 싶어지는 것입니다.

점심 메뉴를 정할 때 음식을 딱 한 가지 고르지 않더라도 "양식과 일식 중에는 일식이 좋아"라든가 "라면 외의 메뉴는 전부 괜찮아"처럼 함께 고민하고 있다는 자세를 보여주는 것이 중요합니다.

기획을 결정하는 단계에서 "A안과 B안 중 어느 쪽이 나을까?"라고 의견을 물어올 때도 "둘 다 괜찮아"라고 하지 말고 "둘 다 훌륭하지만 나는 A안이 더 좋다고 생각해"라고 자기 의견을 표명하면 효과적으로 의견을 나누고 조율할 수 있습니다.

"아무거나 상관없어"라는 말 대신 자기 의견을 내놓는 버릇을 들이면 주체적으로 결정하고 그 결정에 책임을 지게 됩니다. 사람은 자신이 결정하지 않은 일에 대해 불평하기 마련입니다.

사소한 일이라도 "나는 이것이 좋다", "이렇게 생각한다"고 자기 의견을 말하며 자신이 결정한다는 자각을 가지는 것부터 시작해 보세요. 자기 생각을 표현하는 습관이 생기면 주변에 휩쓸리거나 오해받는 일이 극적으로 줄어듭니다. '내 인생은 내가 선택한다'는 자각을 가지고 주체적으로 사고하게 됩니다.

22

"방법은 있다"
"~덕분에"

제가 일상에서 '이 말버릇'을 지웠더니 인생이 180도 달라졌다고 단언할 수 있는 말이 있습니다.

바로 "~탓"입니다. 이번 일이 잘 안된 건 "상사의 실수 탓", 자신이 도전하지 않은 건 "친구가 말린 탓"처럼 다른 사람 탓만이 아니라 월급이 적은 건 "불경기 탓", 취직이 안 되는 건 "나이가 많은 탓", 집중이 안 되는 건 "소음과 더위 탓" 등 일의 원인을 무언가의 탓으로 돌리는 버릇이 저도 있었습니다.

그러나 무언가의 탓으로 돌리는 순간 그건 감당할 수 없는 문제가 되어버립니다. 포기할 수밖에 없으므로 자신은 '피해자'가 됩니다. 지금 인생이 시시하게 느껴진다면 무의식중에 "~탓"이라고 말하고 있는지도 모릅니다.

"~탓"이라고 말로 내뱉는 것뿐만 아니라 마음속으로 '~탓'이라고 생각하는 것을 완전히 멈춰보세요.

의식적으로 그 말을 멈추면 신기하게도 "분명 방법은 있어. 내가 하기 나름이야"라고 생각하게 됩니다. 원인을 다른 무언가에 돌리는 것이 아니라 해결을 위한 방법을 찾기 시작합니다. 실제로 어떤 상황에서든 잘하는 사람이 있지요. 새로운 도전을 할 때나 업무상 곤란한 상황이 생겨도 "어떻게든 방법은 있다"는 말은 지혜와 묘안으로 위기를 극복하게 만듭니다.

무의식중에 '인생은 나 하기 나름이다'라는 자신감이 생겨 언제나 마음 한쪽에 희망을 품게 되는 것입니다.

"~탓" 대신 "~덕분에"라는 말을 자주 입에 담아보세요.

"동료가 실수한 덕분에 문제점이 발견됐다", "월급이 적어서 절약하는 습관이 생겼다" 등 어떤 경험이든 삶의 양분이 됩니다.

세상을 적으로 돌릴지 자기편으로 만들지는 다 '나 하기 나름'입니다.

23

"그건
그 나름대로 좋았어"

수십 년 전 한때 만났던 연인의 말버릇이 "~할걸"이었습니다.

쇼핑하고 돌아오는 길에도 "아까 그걸 살걸", 낮에 졸리면 "어제 영화 보지 말고 빨리 잘걸", 옛날 생각을 하면서 "고등학교 때 이과를 선택할걸"이라는 식으로 돌이킬 수도 없는 일에 대한 후회를 입에 담았습니다.

아마 본인은 별생각 없이 중얼거린 말이겠지만 듣는 사람은 안타까운 마음이 듭니다. 제가 너무 듣기 거슬려서 "그 말 때문에 행운이 오다가도 도망가겠다"라고 하자 그 친구는 이후로 후회의 말을 아예 입에 담지 않게 됐는데 그 결과 대화 중에 긍정적인 말이 놀랍도록 늘었습니다.

사실 저도 "하지 말걸", "할걸"이라는 표현을 금기어로 정한 후부터 운이 트였습니다. 지우고 싶은 흑역사도 한탄하는 게 아니라 "그것도 그 나름대로 좋았다"고 긍정하게 된 후로 가슴에 맺힌 응어리가 점차 사라졌습니다.

과거의 일을 후회하고 있는 한 지금의 현실을 받아들일 수 없기에 눈앞의 행운을 발견하지 못합니다. 나아가 '나는 잘못된 선택을 하는 못난 사람'이라는 인식이 무의식에 새겨져서 모든 선택 앞에서 주저하게 됩니다.

과거에 자신의 선택과 언행이 아무리 미숙했더라도 당시에는 최선을 다한 선택이었다는 사실을 기억해주세요. 그 순간으로 다시 돌아가도 우리는 또 같은 선택을 할 것입니다.

"그건 그것대로 좋았다"고 과거를 긍정하면 앞을 바라볼 수 있습니다. "그건 그것대로 좋았다"고 바로 생각하기 힘들어도 우선 소리 내어 자신에게 말해주세요. 지금 당장은 아니더라도 이내 마음이 그 말을 따라옵니다. 자신을 용서하고 받아들이면 마음이 평온해집니다.

바꿀 수 없는 것보다 바꿀 수 있는 것에 초점을 맞추고 더 행복한 미래를 만들어가는 데 에너지를 쏟아보세요. 지난 선택은 "그 나름대로 좋았다"고 받아들이고 앞을 향해 나아가기를 바랍니다.

24

"나는 ~하고 싶어"
"~하자"

"약속 시각 5분 전에는 도착해야 해", "노후를 위해 저축해야 해"처럼 "~해야 한다"고 말하는 사람은 긍정적이며 성실하고 야무져 보입니다.

그런데 이런 표현을 습관처럼 사용하면 자기 자신은 물론 주변 사람에게도 적잖은 부담이 될 수 있습니다.

이런 사람은 자신이 제시한 기준에 미치지 못하면 '못난 인간', '형편없는 인간', '인간 자격이 있나' 하고 신랄한 자기비판을 시작합니다. 엄격한 교관이 24시간 자신을 감시하는 격이니 숨 막히는 일상에서 도망치고 싶어지겠지요.

그런데도 머릿속에서는 '~해야 한다'라는 생각이 떠나질 않으니 참 이상합니다. 그 생각대로 되지 않아도 사실 큰일이 일어나지 않습니다. 어떻게든 상황은 진행되고 결과적으로 아무 문제도 생기지 않을 때가 많습니다.

저는 "해야 한다", "하지 않으면 안 된다"라는 표현은 최대한 쓰지 않으려고 노력하는 편입니다.

각자 자신만의 세계가 있고 자신만의 규칙이 있으니 타인에게 '~해야 한다'고 말할 필요는 없겠지요. 세상에 '해야 하는 일'은 정해져 있지 않습니다. 상식과 도덕도 자신이 도저히 납득할 수 없다면 지키지 않아도 됩니다.

"해야 한다"는 말 대신에 "나는 ~하고 싶다" 또는 "~하자"라는 표현을 제안합니다. "타인을 상냥하게 대해야 한다"가 아니라 "나는 타인에게 상냥해지고 싶다", "운동해야 한다"가 아니라 "운동하자", "규칙이니까 지켜야 한다"가 아니라 "이 규칙을 지키고 싶으니 지키는 것"이라고 해보면 어떨까요? 판단 기준을 '옳고 그름'보다 '자신의 의지'에 두는 겁니다.

자신에게 필요치도 않은 규칙을 부과하며 쓸데없이 자신을 벌주지 마세요.

"해야 한다"는 말을 멈추면 자신이 얼마나 자유로운 존재인지, 모든 것을 스스로 선택할 수 있다는 사실을 깨닫게 됩니다.

마음이 자유로울 때 삶의 행복, 편안함과 기쁨을 발견하기 쉬워집니다.

25
"사실은 이해가 잘 안 됩니다"

　"상관은 없는데"라는 말은 "사실은 괜찮지 않다", "하고 싶은 말이 있다"는 말과 같습니다. 사실은 불만이 있고 하고 싶은 말도 있지만 어차피 말해도 소용없을 테니, 어차피 이해하지 못할 테니, 말하면 귀찮아지니 그냥 말을 말겠다는 의미가 깔려 있습니다. 그런 마음으로 '말할 수는 없지만 내가 불만스럽게 생각하는 걸 좀 알아달라'며 응석을 부리는 것만 같아 어찌 보면 참 유치하게 들립니다.

　이를테면 "이번 기획, A안으로 결정됐어요"라는 말에 "뭐 상관은 없는데……"라고 답해서 "왜요? 무슨 일 있어요?"라고 물어보면 "아무것도 아니에요. 신경 쓰지 마세요……"라고 부루퉁한 태도로 커뮤니케이션을 포기하는 식입니다.

이런 말을 들으면 '할 말이 있으면 확실히 말해!'라는 답답함을 느끼거나 '아무것도 아니면 됐어'라며 상대의 말을 곧이곧대로 받아들여 넘기게 되는데, 후자의 경우 대부분 상대방은 불만스러운 표정을 좀처럼 풀지 않는다는 게 문제입니다.

하고 싶은 말이 있으면서 "아무것도 아니야"라고 상대방이 해석하기 힘들게 표현하지 말고 자기 기분을 확실하게 전달하는 것이 상대방에 대한 배려이자 성숙한 커뮤니케이션이라 할 수 있겠지요. 이럴 때는 "사실은~"이라는 말로 자기 생각을 꺼내보세요.

"사실은 이해가 잘 되지 않습니다. 왜냐하면 저는 ~라고 생각해서"라며 솔직하게 터놓고 대화를 시작할 수 있습니다.

결과적으로 의견이 반영되지 않더라도 '내 의견은 이러하다'고 표명하는 데 의미가 있습니다. 반면, 진심을 말하지 않는 편이 낫겠다고 판단했다면 "상관은 없는데" 같은 말로 여운을 남기지 말고 "좋습니다"라고 단순하게 전달하는 편이 현명하겠지요. "아무것도 아니야"라는 말을 대화에서 빼버리면 서로의 의견을 공유하고 이해하는 과정이 훨씬 매끄러워집니다.

26
"나는 이렇게 생각해"

"너를 위해 하는 말인데"라는 서두를 들으면 누구나 경계하게 됩니다. 그 말 뒤에는 대부분 따가운 충고가 이어지기 때문입니다.

"너를 위해 하는 말인데, 그 옷은 젊어 보이려고 애쓴 느낌이야", "그 일은 네게 맞지 않아", "그 사람과 헤어지는 편이 나아"라며 자신을 위해주는 것 같으면서도 어딘가 가시가 느껴지는 말입니다.

머리로는 받아들이려 해도 순순히 '충고해줘서 고맙다'고 생각하기 어려운 이유는 상대방의 말에도 솔직하지 않은 감정이 담겨 있기 때문이겠지요.

"너를 위해 하는 말인데"라는 말을 자주 입에 담는 사람은 스스로 자각하지 못할 뿐, 사실 '듣는 이를 위해서' 하는 말이 아니기에 그런 서두로 시작하는 것입니다. 자신의 불쾌한 감정을 괜한 참견으로 표현하며 감정을 해소하기 위해 말하는 것입니다.

"너를 위해 하는 말인데"는 그런 이기적인 마음을 숨기는 방패막이로 쓰기 편리한 말입니다. '내가 못돼서 하는 말이 아니다. 상대방을 위한 것이니 말해도 된다'고 스스로 합리화하면서 조금 심한 말까지 꺼내게 됩니다.

"너를 위해 하는 말인데"를 습관처럼 말하다 보면 자기 가치관을 강요하는 '아니꼬운 위선자'가 된다는 사실을 명심하시기 바랍니다.

누구나 자신만의 길을 자기가 원하는 방식으로 나아갑니다. 그 사람에게는 그 사람의 가치관이 있으므로 스스로 바뀌려고 하지 않는 한 그 사람은 달라지지 않습니다. 특별히 피해를 주지 않는다면 곁에서 가만히 지켜봐주세요.

그래도 애정에서 비롯된 충고를 꼭 건네고 싶다면 "너를 위해 하는 말인데" 대신 "나는 이렇게 생각해"라고 자신의 의견으로서 직접 전달해보세요. 메시지가 훨씬 효과적으로 전해집니다.

"너를 위해 하는 말인데"라는 말을 대화에서 지워버리면 자기 안에 상대방을 존중하는 커다란 그릇이 생기기 마련입니다.

27

"나는 ~라고 생각해. 왜냐하면~"

"그건 좀 이상하다고 다들 그러거든", "다들 ○○씨는 ~지 않냐고 수군대"라며 자기가 하고 싶은 말을 "다들 그러는데"라는 말로 에둘러 전하는 사람이 있습니다. 자기 주장에 자신이 없거나 찜찜한 구석이 있을 때 '다들'이라는 가상의 지원군을 만들어 설득력을 가지려 합니다.

어린아이가 "다들 게임기를 새로 샀다", "다들 놀러 간다고 했다"며 부모를 설득할 때 쓰는 수법과 비슷합니다. 이때 "그게 누군데?"라고 물으면 "A랑, B랑……"으로 '다들'의 정체는 대체로 두세

명을 넘지 않습니다.

어른이 되어서도 "다들 그러는데"로 얼버무리는 말투를 사용하면 스스로 설득력을 떨어뜨리는 꼴이겠지요.

특히 상대를 비판할 때 "다들 그러는데"라고 압박하는 방법은 '그저 대충 하는 말'이라는 이미지를 줍니다.

저도 예전에 "당신의 업무 능력이 부족해서 다들 곤란해한다"는 말을 듣고 무척 위축됐던 시기가 있었습니다. "누가 곤란해하나요?"라고 물어도 "그건 말할 수 없다"며 '다들'이라고 말함으로써 주장을 정당화하며 타인에게 상처 주고 싶을 뿐이었겠지요.

"다들 그러는데"는 꽤 부끄러운 표현임을 자각할 필요가 있습니다. 반복하다 보면 양치기 소년처럼 주변의 신뢰를 잃고 맙니다.

상대를 설득시키고 싶다면 "저는 ~라고 생각합니다"라고 정정당당하게 전달하고 그 뒤에 객관성 있는 이유를 덧붙이는 편이 훨씬 효과적입니다.

28

"사람은 제각각"

한 친구가 자기 어머니의 "보통은 ~하다"라는 말버릇 때문에 힘들다고 호소한 적이 있습니다.

중년이 다 된 딸에게 "보통은 그런 옷을 입지 않는다", "보통은 설날에 집에 내려온다", "보통은 그런 식으로 말하지 않는다"라며 자신의 가치관을 강요한다고 합니다.

"보통은 ~하잖아"라는 표현을 아무렇지 않게 사용하는 사람은 자신도 모르는 사이에 말투가 거만해지기 쉽습니다. 듣는 사람을 화나게 하고 상처입히는 말투입니다. "보통은 ~하니까, 너도 ~해야 한다"며 제멋대로 결정짓고 강요하는 태도로 대화의 활력을 떨어뜨립니다.

이와 마찬가지로 '상식'도 무의식중에 상대를 재단하는 말입니다. "그런 건 상식이지", "상식적으로 생각하면 ~잖아"라는 식으로 '상식'이 판단 기준이 됩니다.

그런데 그 '보통'과 '상식'은 누가 정하나요?

'보통'과 '상식'만큼 모호한 것이 없습니다. 지역과 시대가 달라지면 '보통'과 '상식'도 완전히 달라집니다. 동시대라도 10명에게 물으면 10개의 '보통'과 '상식'이 있겠지요.

사회가 말하는 기준, 자신의 기준, 상대방의 기준을 혼동해서는 안 됩니다.

'보통'과 '상식'을 자주 입에 담으면 '나는 옳고 너는 그르다'는 오만이 굳어져 상대방을 이해하려는 마음이 사라집니다.

"사람은 제각각"이라고 소리 내어 말해보세요. '가치관이 다르다'는 전제가 상대를 인정하고 이해하게 만듭니다. 이런 자세로 가장 득을 보는 사람은 자기 자신입니다. 상대가 말하는 '보통'과 '상식'에서 벗어난 자신이나 상대 때문에 화가 나는 일도 없어지기 때문입니다.

세상 사람이 저마다 개성적인 존재임을 깨닫게 됩니다.

29

"비밀은 비밀로 두자"

"여기서만 하는 얘기인데"라고 말해본 적 있나요? 오픈되지 않은 회사의 기밀, 소문의 진상, 자기 고백 등 비밀 이야기 후에 "정말?" "엄청난 특종이네!"처럼 상대방이 놀라는 반응을 보이면 살짝 쾌감이 느껴지기도 합니다.

상대방을 즐겁게 해주려는 서비스 정신에서 비롯된 만족감, 타인이 모르는 것을 안다는 우월감, 혼자 안고 있던 마음의 짐을 나누는 안도감, 비밀을 공유하는 데서 오는 친근감과 동료 의식도 생겨납니다.

그런데 이런 쾌감에 익숙해져서 "여기서만 하는 얘기인데"를 자주 입에 담는 사람은 어느새 '내 이야기를 들어줘', '나를 인정해줘'라고 조르는 인정욕구의 화신이 되지 않았는지 자신을 돌아볼 필요가 있습니다.

"여기서만 하는 얘기인데" 뒤에 이어지는 내용치고 그리 대단한 이야기가 있던가요? "여기서만 하는 얘기인데"는 말하는 사람의 신용을 떨어뜨립니다. '저 사람에게 말하면 곧바로 다른 사람한테도 전해질 것 같다'고 평가받아도 어쩔 수가 없습니다.

저는 아예 비밀 이야기를 하지 않는 편인데 신용 문제뿐만이 아니라 나는 말하고 싶으면서 듣는 사람한테는 비밀로 간직하라고 강요하는 것이 가혹하다고 생각하기 때문입니다. 상대방에게 괜한 스트레스를 안겨주는 데다 나중에 이야기가 새어나가면 자칫 관계가 어색해질 수도 있습니다.

다른 사람에게 말할 때는 모든 이에게 알려져도 상관없다는 마음으로 전하고, 말해도 될까 망설여질 때는 "비밀은 비밀로 두자"고 자신에게 말해주세요.

"여기서만 하는 얘기인데"를 지워버리면 대화 상대와 대화 내용을 충분히 고려하는 습관이 길러져서 자기 말에 책임을 지게 됩니다.

30
"고맙습니다"

"미안합니다"를 습관처럼 말하는 사람은 겸손하고 좋은 사람이라는 인상을 줍니다. 아마도 주변 사람을 소중하게 여기며 분란을 일으키지 않으려는 평화주의자겠지요. 그런데 자세히 들여다보면 다른 사람에게 미움받고 싶지 않은 마음이 유독 강한 경우가 많습니다. 사과할 필요가 없을 때도 사과하는 습관은 뇌 컴퓨터에 '전부 내 탓'이라고 입력하는 꼴이므로 언동이 비굴해지고 결국은 주변의 눈총을 받기 쉽습니다.

차를 대접받았을 때 "미안합니다. 잘 먹겠습니다", 뭔가 부탁받아도 "미안합니다. 하겠습니다", 의견을 물어도 "미안합니다. ~라고 생각합니다"라는 식으로 진심으로 사과한다기보다 조건반사처럼 "미안합니다"라는 말이 먼저 나오는 경우입니다.

자신감이 없어서 방어적 표현으로 "미안합니다"을 꺼낸다고 생각할 수도 있겠지만, 사과하는 버릇이 자존감을 떨어뜨리는 요인인지도 모릅니다. "미안합니다"는 말에 무게가 없으므로 상대방에게 메시지가 전달되지도 않습니다.

이를테면 직장에서 선물을 받았을 때도 습관처럼 "미안합니다"라고 말하면 자연히 고개가 떨궈지고 송구한 표정을 짓게 됩니다. 선물을 건넨 상대방도 '기쁘지 않나?'라고 생각하겠지요.

솔직하게 "고맙습니다! 먹어보고 싶었어요"라고 상대방의 눈을 보며 감사와 기쁨을 말로 전하면 자연스레 웃음이 피어납니다.

그저 조건반사 같은 "미안합니다"가 아니라 그 순간의 기분이 분명하게 전해지는 표현을 선택해보세요.

지금까지 "미안합니다"라고 대답했던 상황에서 "고맙습니다"라고 말하기만 해도 표정이 밝아지고 가슴이 펴지며 불안과 긴장이 사그라집니다.

괜찮습니다. 아무것도 잘못하지 않았으니 미안해하지 말고 당당해지세요.

31

"해보겠습니다.
어떻게 하면 될까요?"

"제가 멍청해서"가 말버릇인 사람은 사실 멍청하지

않습니다.

일이 잘 풀리지 않을 것 같을 때 "제가 멍청해서"라고 미리 말함

으로써 스스로 상처받지도 않고 주변에도 변명할 여지를 만드는

셈입니다. 결과가 좋으면 "대단하네!"라고 칭찬의 크기가 한결

커지겠지요. 멍청하기는커녕 다분히 계산적인 심리가 깔려 있습

니다.

이런 심리는 '자기불구화self-handicapping'라 하여 일부러 불리한 점

을 표명하며 실패해도 어쩔 수 없다는 상황과 변명거리를 준비하는 것입니다.

학생 때 시험 전에 "전혀 공부하지 않았다"고 수선 떨며 자존심을 지키려는 심리와도 같습니다. 자존심이 센 사람일수록 스스로 만든 장애물을 방패로 삼는 경향을 보입니다.

누구나 어느 정도 가지고 있는 심리지만 "제가 멍청해서"가 말버릇이 되면 의도하지 않아도 인지적 왜곡이 일어나 성장을 방해합니다. 핑계를 대며 진심으로 노력하지 않게 됩니다.

"제가 멍청해서"라는 말은 뇌에 '나는 멍청해서 이 일을 할 수 없다'는 결론을 짓게 하므로 사고가 멈춰버립니다.

이를테면 여러 번 같은 사항을 지적받았을 때 '멍청해서 못한다'고 결론짓지 말고 '잘 해보자'고 자신에게 기대를 걸어주세요.

"어떻게 하면 될까?" 하고 소리 내어 자신에게 말해보며 방법을 찾아봅니다.

"다시 지적받지 않도록 메모해둬야지", "혼자서 여러 번 연습해봐야겠다"처럼 대책을 세워 행동하게 됩니다.

"나는 머리가 나빠서"라는 핑계를 의식적으로 멈추면 성장 속도가 한층 빨라집니다.

32

"그럴 수도 있겠다"

예상 밖의 일이 일어났을 때 "믿을 수 없어", "말도 안 돼"라고 무심코 말하기 쉽습니다. 회사 동료가 어이없는 실수를 할 때, 상사가 시대착오적 발언을 쏟아낼 때, 연인이 자기 생일을 잊었을 때, 정치가가 부정행위를 저질렀을 때 등 세상에는 얼토당토않은 사건 사고가 이어지고 "믿을 수 없어", "말도 안 돼"라고 소리치고 싶은 순간이 참 많습니다.

그런데 이런 말이 습관이 되는 것은 바람직하지 않습니다. 특히 직장이나 일상생활 등 가까이에서 일어난 일에 "믿을 수 없어"

"말도 안 돼"를 연발하면 혈압이 오르고 짜증이 나고 불안해지며 상대가 미워지는 등 득이 되는 일이라고는 전혀 없지요.

"말도 안 돼"라고 말하고 싶어지는 순간이나 무심코 입 밖으로 꺼낸 때에는 "그럴 수도 있겠다"라고 바꿔 말해보세요. 단정하는 것이 아니라 가능성을 가정하고 "그렇구나"라며 한발 물러나 객관적인 시선을 가질 때 상황을 받아들이기가 수월해집니다.

가령 회사 동료가 초보 같은 어처구니없는 실수를 저질렀을 때 "그럴 수도 있겠다"고 중얼거리면 '내가 모르는 사정이 있을지도 모른다', '내 기대가 너무 컸을지도 모른다', '다음에는 두세 번 확인해야겠다' 등 냉정하게 현실을 마주하게 됩니다.

현실을 직시하고 현실에서 답을 찾는 과정이라 생각할 수 있겠지요. 현실에서 눈을 돌리고 "말도 안 돼"를 연발하고 있으면 원인도 대책도 보이지 않습니다.

"말도 안 돼"를 "그럴 수도 있겠다"로 바꾸면 현실을 인식하는 데 부담이 적어져 스트레스가 확 줄어들고 현명한 대처도 가능해집니다.

자신의 기대와 눈앞의 현실을 제대로 인정해야 '그 차이를 메꿔야겠다', '내가 바꿀 수 있는 부분에 집중해야겠다'고 생각하게 됩니다.

33

"재밌겠다"
"정말?"

유행어를 자주 입에 담는 사람을 보면 젊은 동료나 가족 구성원의 영향을 받는 경우가 많습니다. 무의식중에 '젊은 감성을 유지하고 싶다', '젊은 사람과 가깝게 지내고 싶다'는 심리가 작동하는지도 모릅니다.

실제로 젊은이 사이에서 유행하는 말을 나이 지긋한 사람이 사용하면 '의외성'이 친밀감을 불러와 분위기가 부드러워지기도 합니다. 그러나 이런 말이 습관으로 자리 잡으면 '유치하다', '경박하다', '품위가 없어 보인다', '멍청해 보인다'는 인상을 줍니다.

아무리 번듯한 정장을 차려입어도 "대박", "헐" 같은 말을 하면 미성숙해 보입니다. "정말요?"라고 일반적인 표현으로 바꾸기만 해도 침착하고 신뢰할 수 있는 사람으로 보일 테지요.

유행어 남용은 언동이 유치해 보인다는 점 말고도 더 큰 문제점이 있습니다. 품위 없는 표현이 감수성도 조잡하게 만든다는 것입니다.

이를테면 "대박"은 "놀랐다", "멋지다", "재밌다", "즐겁다", "이상하다", "신기하다", "위험하다", "감동했다"라는 말로 표현할 수 있겠지요. 여러 상황을 모두 "대박"과 "헐"로 정리해버리면 어휘가 빈곤해지며 느끼는 방식마저 조잡해집니다.

가령 케이크를 먹고 "대박"이라고 하기보다는 "맛있다. 레몬 크림이 산뜻해서 하나 더 먹고 싶을 정도"라고 말하는 편이 맛을 더욱 깊고 섬세하게 음미하는 데 도움을 줍니다. 메시지가 상대방에게 한결 정중하게 전해지는 것은 당연하겠지요.

누구나 쓰는 표현, 흔한 표현이라도 자신의 감정을 정확하게 나타낼 수 있는 말을 찾아보면 어떨까요? 자신의 말로 정중하게 표현할 때, 유행어 하나로 뭉뚱그려 전할 때보다 자기 마음에도 상대방의 마음에도 깊이 와닿지 않을까 싶습니다.

34

"만약 나라면"

"내가 한마디 하자면, 이건 프로 솜씨라고 할 수 없어", "내가 보기에, 그건 열심히 하는 축에 못 들어"라는 식으로 지적하는 사람이 있습니다.

원래 대화에서는 기본적으로 '자기 생각'을 말하는 것인데 굳이 '내가 말하건대'를 강조하는 이유는 '내가 이 부분에서 당신보다 한 단계 위에 있는 특별한 사람', '가치 있는 말이므로 나는 당신을 지적해도 된다'고 드러내고 싶기 때문입니다.

'윗사람'과 대화할 때 이처럼 거만한 서두를 떼는 경우는 없습니다. 그저 "~라고 생각합니다"라고 말하든지 "감히 말씀드리자면"이라는 표현을 덧붙일 뿐이겠지요. "내가 한마디 하자면", "내가 보기에는"이라는 말을 습관처럼 뱉다 보면 자기도 모르게 상대를 깔보는 시선으로 지적하는 일이 많아집니다.

살짝 무시하는 시선, 은근한 자만, 자신을 뽐내는 사람은 언뜻 자신감 있어 보이지만 대체로 자신이 없는 사람입니다. 남에게 인정받음으로써 자신을 지키려 합니다.

정말 자신 있는 사람, 심지가 곧은 사람은 "내가 한마디 하자면"을 내세우며 쓸데없이 지적하는 법이 없습니다. '벼는 익을수록 고개를 숙인다'라는 속담처럼 남보다 지식과 경험이 많을수록 겸손하기 마련입니다.

현명한 사람은 조언할 점이 있더라도 상대를 존중하는 마음으로 '내가 이러쿵저러쿵 조언할 입장이 아니다'라는 판단을 내립니다. '내가 옳고 나는 우월하다'라는 오만이 성장을 가로막고 자기 발목을 잡는다는 사실을 알기 때문입니다.

"내가 한마디 하자면"이란 말을 멈추면 겸허함이 생깁니다. 자기 안에서 자만과 오만이 사라지며 자연스레 주변의 인정이 따라옵니다.

35

"그렇구나"
"괜찮아"

예상과 다른 결과를 맞아 풀죽어 있을 때 "그러니까 내가 뭐랬어", "그럴 줄 알았다"라며 의기양양 말하는 사람 때문에 속상했던 적이 있나요?

'나는 다 예상했는데 너는 그것도 몰랐니? 멍청하긴'이라는 것만 같아 "그럼 미리 확실하게 말을 해주지 그랬어!"라고 받아치고 싶어집니다.

"그럴 줄 알았다"는 어린아이가 컵에 든 물을 쏟거나 장난감을 망가뜨렸을 때 어른들이 자주 하는 말이지요. 여기에는 '사후 확신 편향hindsight bias'이라는 심리가 작동합니다.

사람은 누구나 예상할 수 없는 결과에 대해 일말의 불안을 안고 있습니다. 다소 위험이 느껴지더라도 전체적으로 '괜찮다'고 판단해서 일을 진행하는 것이지요. 무슨 일이 일어난 후에 '그 결과가 당연하다'라고 인식함으로써 예전에 자신이 어떻게 판단했는지는 잊어버리고 마치 예전부터 계속 그렇게 생각해왔다고 믿는 '편견'이 생깁니다. 상황에 따라 "역시 내가 생각한 대로 됐어"라고 인지를 바꿔버리는 것이지요.

평론가라도 되는 양 "저 사람은 바로 그만둘 줄 알았어", "조만간 이런 일이 일어날 줄 알았어"라고 말하는 사람은 자기도 모르는 사이에 '사후 확신 편향'에 사로잡혀 있을 가능성이 큽니다. 가위바위보를 할 때 상대보다 늦게 내면 당연히 이길 수밖에 없겠지요. 결과가 나온 다음에는 누구나 말할 수 있습니다.

문득 "이럴 줄 알았다"라고 말하고 싶어질 때는 '정말 알았나?' 하고 자신의 사후 확신 편향을 점검해보면 어떨까요? 늦게 내는 가위바위보처럼 비겁한 말 대신 "그렇구나" 하고 솔직하게 사실을 인정하고 앞으로의 일에 의식을 집중해보세요. 결과는 예측하지 못했다 하더라도 이번 결과를 통해 앞으로의 개선점을 발견할 수 있을 것입니다.

자신의 초조함을 달래려고, 자신을 인정해주기 바란다는 이유로 상처받은 사람에게 "그럴 줄 알았다"라며 상처에 소금을 뿌리는 것은 부끄러운 행위입니다. 상대방의 기분을 헤아리며 "괜찮아"라고 힘을 돋아주세요. "그럴 줄 알았다"라는 말을 일상에서 지워버리면 사실을 있는 그대로 보게 되며 상대를 배려할 줄 아는 마음이 길러집니다.

36

"의지해도 돼"
"힘들 때는 서로 돕는 거지"

"그렇게 체력적으로 힘들면 다른 사람한테 부탁해
보는 건 어때?"라고 권해도 "아니야. 주변 사람한테 폐 끼칠 수야
없지", "내가 좀 도와줄까?"라고 손을 내밀어도 "피해 주기 싫어.
괜찮아"라는 식으로 다른 사람의 호의를 밀어내는 사람이 있습
니다.

저도 예전에는 딱 이런 사람이었던지라 어떤 마음인지는 충분
히 이해합니다. 남에게 의지하지 않으려는 사람을 보면 어렸을
때 부모 형제를 배려하여 '욕심을 말로 뱉어서는 안 된다', '투정

부려서는 안 된다'고 자신을 억누르는 버릇이 길러진 경우가 많습니다.

"폐 끼치면 안 돼"와 거의 세트로 나오는 말이 "괜찮아"입니다. 속으로는 울상을 짓고 있어도 억지로 웃는 얼굴을 보이며 "괜찮아"라는 말로 강한 척합니다. 이런 버릇은 뭐든 혼자 끌어안게 만들어 마음을 서서히 닳게 만듭니다.

좋은 사람으로서 타인에게 미움받지 않으려고 "괜찮아"라고 온 힘을 다해 버텨보지만 남에게 의지하지 못하므로 관계가 오히려 어색해져서 고립되기 쉽습니다.

저는 몸이 안 좋아졌을 때 "폐를 끼치면 안 된다"라는 말버릇을 "남에게 의지해도 된다", "오히려 기대는 편이 낫다"고 바꿔버렸습니다. 부탁받는 상대도 나중에 마음 편하게 부탁할 수 있게 됩니다. 서로 도움을 주고받으며 관계가 견고해집니다.

"힘들 때는 서로 돕는 것"이라고 습관처럼 말하다 보면 자기도 모르는 새 '협력 관계'가 든든하게 다져집니다.

'자기 일은 스스로 하기'가 커다란 전제라 해도 어린아이나 고령자, 심신의 병, 빈곤 등 인생에서 타인의 도움이 꼭 필요한 순간이 있습니다. 인간은 혼자서 살아갈 수 없는 존재이기에 다른 사람에게 의지하는 것을 자연스럽게 여기며 살아가야 자신에게도 타인에게도 다정해질 수 있습니다.

"서로 돕고 사는 것"이라는 말버릇으로, 남에게 의지하고 남을 돕는 습관을 만들어보기 바랍니다.

37

"지금은 이 나름대로 좋다"
"지금이 제일 좋다"

"옛날엔 좋았지" 하고 먼 곳을 응시하는 사람이라 하면, 나이 지긋한 어르신을 떠올리기 쉽지만 젊은이 중에도 "학생 때가 좋았어. 그때로 돌아가고 싶다"고 말하는 사람이 적지 않습니다.

'예전이 좋았다'고 말하는 사람은 '지금은 좋지 않다'고 말하는 것이나 다름없습니다. 현재에 집중해서 살고 있다면 과거를 떠올리며 감상에 젖을 틈이 없을 테지요.

인간의 기억은 신기하게도 과거 일은 '좋은 점'에 초점을 맞추고 현재 일은 '나쁜 점'만 보는 경향이 있습니다.

흔히 "예전 연인은 참 좋은 사람이었지"라고 지난 인연을 미화하는데, 사실은 좋은 점보다 나쁜 점이 커서 헤어졌다는 사실을 잊어버렸을 뿐입니다. 기억 속에 좋은 점만 남겨 계속 그것만 떠올리며 기쁨을 느끼려고 합니다.

지금 곁에 있는 남편과 아내는 현실의 문제이므로 '나쁜 점'만 눈에 들어옵니다. 좋은 점이 있어서 결혼했는데 그 사실은 어느새 한쪽으로 밀려났습니다.

"거품 경제 시절에는 화려하게 놀았다", "학생 때 인기가 많았다", "일도 돈도 넘쳐흘렀다"라는 무용담도 과거 미화 편향 때문에 실제보다 몇 배는 더 많이 과장되어 있을 가능성이 큽니다.

"옛날엔 좋았지"라는 말을 버릇처럼 하는 사람은 옆에서 보기에도 안타깝지만, 이 말로 가장 손해를 보는 사람은 자기 자신입니다. 현실에서 도피해 지금의 자신과 상황을 제대로 마주하지 못하고 있기 때문입니다.

"지금은 지금대로 좋다"고 우선 현재를 긍정해보세요. 어떤 시대든 만족스러운 점과 불만스러운 점이 있겠지요. 불만족이 더 크다면 '그 원인이 무엇일까', '지금의 생활을 개선하기 위해서는 어떻게 하면 좋을까' 하고 지금 이 순간을 빛내는 데 집중하기를 바랍니다.

언제 어느 때든 "지금이 가장 좋다"고 말할 수 있는 인생을 산다
면 더할 나위가 없겠지요.

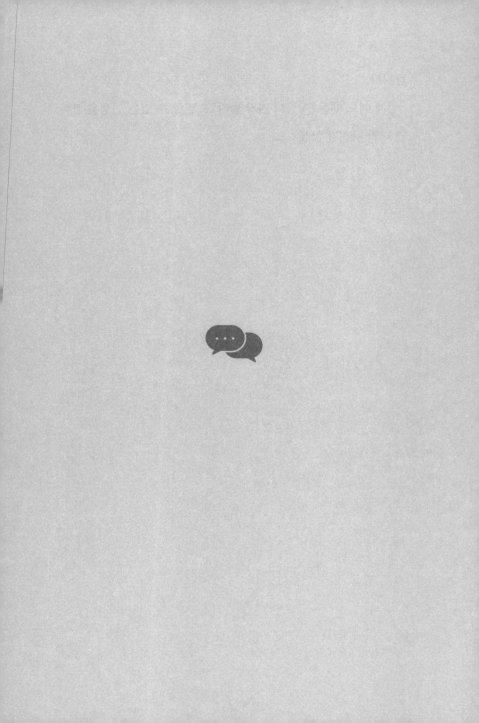

3장

'어차피 안 된다'는
착각을 밀어내고
꿈을 이루는
말버릇

38

"나는 ○○가 된다"
"나는 할 수 있다"

꿈을 이루는 방법 중 가장 간단하면서 효과적인 방법은 '말버릇 바꾸기'입니다. 저는 작가를 꿈꾸며 매일 거울 앞에서 중얼거렸습니다. "나는 작가가 된다", "나는 될 수 있다"라고 하루에도 몇 번씩 자신에게 말했습니다.

처음에는 반신반의했습니다. 그런데 그 말을 반복하는 사이 문득 "그렇게 될 것이다"라는 확신이 들었고 어느샌가 그 바람이 이루어졌습니다. 마음과 현실이 '말'을 따라온 것이지요.

뇌의 무의식 컴퓨터는 정확합니다. '화장실', '가게'처럼 목적지를 구체적으로 설정하면 일부러 삭제하지 않는 한 한눈팔지 않고 목적지에 도착합니다.

꿈과 목표를 실현하는 것도 목적지를 설정하고 찾아가는 간단한 시스템입니다. 인기 방송 프로그램에 나와서 "이 프로그램에 출연하는 것이 제 꿈이었습니다"라고 말하거나, 올림픽에 나간 선수가 "이 시상대에 서는 것이 제 목표였습니다"라고 말하는 것과 마찬가지입니다. 무의식 컴퓨터에 '꿈'이라는 목적지를 설정하여 경로를 탐색하고 기회를 끌어당기며 앞으로 나아가는 것입니다.

맨 처음 목표를 입력하는 단계가 매우 중요합니다. 자신의 꿈을 언어화하여 실현했을 때의 설렘을 계속 상상하는 것이 목적지까지 가는 원동력이 됩니다.

이때 '말'의 위력이 발휘됩니다. 말버릇으로 만들어 반복함으로써 말은 지속력을 만들고 의지를 견고하게 만듭니다. 종교 활동에서 기도나 염불로 같은 말을 반복하는 것도 키워드를 뇌에 입력해 신념을 강하게 만들기 위해서입니다. 별똥별이 떨어지는 찰나에 소원을 비는 것도 평소 늘 되뇌는 소망이어야 가능한 일이겠지요.

무의식 컴퓨터에 목적지를 입력했다면 마지막까지 자신을 믿어주세요. 불안, 초조, 의심, 시기는 무의식 컴퓨터의 제어 기능을 망가쁘립니다. "나는 ○○가 된다" 뒤에는 "나는 할 수 있다"라는 말을 더해주세요. 그래도 도통 자신이 생기지 않는다면 다음 항목을 참고해주세요.

39

"해보자" "될지도 몰라"
"하기로 결심했어"

"할 수 있다"라는 말을 아무리 강하게 되뇌어도 꿈
이나 목표를 달성하는 이미지가 그려지지 않아 행동을 주저하게
될 때가 있습니다. 설정한 목표가 너무 높아서 무의식 컴퓨터가
과거 경험과 지식, 주변 정보 등 방대한 데이터에 근거해 오류 메
시지를 띄우고 있는 셈입니다.

머리(의식)로는 "할 수 있다"고 생각하려고 하는데 내심(무의식)
"안 될 것 같다"고 판단하므로 "할 수 있다"는 말이 의미를 띠지
못합니다.

기본적으로 인간은 실현 가능성이 전혀 없는 꿈을 꾸지는 않습니다.

그런데 가능성이 지극히 낮을 때는 "할 수 있다", "무조건 된다" 같은 말이 가슴에 와닿지 않습니다. 이때는 "해보자", "할 수 있을 거야"라고 조금 겸허한 표현으로 마음의 부담을 줄여주세요.

제가 40대에 유학을 고려하던 시기 사실 처음에는 '어쩌면 나도 할 수 있지 않을까'라는 마음이었습니다. 그다음에는 "하기로 결심했다", 그러다 행동으로 옮기는 사이 "할 수 있다"고 저 자신에게 말하게 되었습니다. 단계에 따라 가슴에 와닿는 말이 달라집니다.

프리랜서 작가로 일할 때는 "이 일 가능하세요?"라고 의뢰받으면 관련 경험이 없어도 "물론 할 수 있습니다!"라고 씩씩하게 대답했습니다. "할 수 있다"고 말하면 방법을 찾아 어떻게든 해내게 되었고 "물론 할 수 있습니다!"라는 발돋움으로 꽤 많이 성장하며 자신감을 키웠습니다.

자기 상황에 맞는 말을 선택하는 요령은 '기운이 나는 말'인지 스스로 느껴보는 것입니다. 처음에는 반신반의하더라도 꾸준히 반복하다 보면 말과 마음이 정확히 일치하는 순간이 오기도 합니다.

자신에게 가장 효과적인 말을 습관으로 만들어 자기 안의 의욕을 끌어내보세요.

40

"솔직히
어떻게 하고 싶어?"

모임에 갈지 말지 망설여질 때, 새집을 선택할 때,
이직 자리가 고민될 때 등 무언가를 선택함에서 망설여질 때는
자신에게 "솔직히 어떻게 하고 싶어?"라고 물어보세요.

흔히 자신이 어떻게 하고 싶은지는 모른 채 주변 정보를 모아 결
론을 내리기 쉽습니다.

진정한 답은 자기 안에 있습니다. "이것이 하고 싶다!"라고 생각
하는 일, 가슴 설레며 열중하게 되는 일, 앞뒤 재지 않고 움직이게
되는 일, 진심으로 의미를 찾을 수 있는 일에 몸과 마음이 기뻐하

는 감각을 느껴보세요. 이런 감각이 자신을 움직이게 만들고 행복을 부르는 열쇠가 됩니다.

머리로만 생각하면 에너지가 솟아나지 않습니다. 머릿속에서 '이건 조금 아닌데'라는 불안과 불만이 피어나서 좌절하게 될 가능성이 커집니다.

"솔직히 어떻게 하고 싶어?"라고 자신에게 물어도 바로 답이 나오지 않을 때는 잠들기 직전에 다시 한번 자신에게 질문을 던져보세요. 자는 동안 뇌의 무의식 컴퓨터는 대답을 찾으려고 쉴 새 없이 노력합니다.

마흔 직전 신문사를 그만두고 처음에는 "이 나이에 새로운 일을 시작할 수 있을까", "다시 취직해야 할까" 몹시 불안했습니다. 우연히 만난 여성이 매일 밤 스스로 "솔직히 어떻게 하고 싶어?"라고 질문해보라며 조언해준 덕에 '카메라를 어깨에 메고 외국의 거리를 걷는 나의 모습'을 떠올릴 수 있었습니다.

그러자 도저히 가만히 있을 수가 없어 몇 개월 후에는 그 모습을 실현하게 되었지요.

자신을 제대로 마주하지 않으면 꿈과 목표도 타인의 기준에 따라 설정하게 됩니다. "솔직히 어떻게 하고 싶어?"라는 질문으로 자신과 마주하는 습관을 길러 자기만의 길을 발견해보세요.

41

"어떻게 하면 될까?"

일이 잘 풀리지 않을 때 무심코 "왜?" "어째서?"라고 반응하기 쉽습니다. "왜 나는 실수만 할까?" "어째서 취업이 되지 않을까?" "왜 저 사람은 내 마음을 몰라주지?" 하고요.

사람은 하루에도 수만 번 머릿속으로 자문자답한다고 하니 부정적인 감정으로 "왜?"라고 묻는 버릇이 있으면 자연히 부정적 사고회로가 발달할 수밖에 없습니다.

이런 경우는 대체로 "왜?"라는 물음에 답을 찾을 수가 없으므로 초조함과 우울함은 더욱 짙어지고 생각은 같은 자리를 맴돕니다.

이럴 때는 "어째서?"가 아니라 "어떻게 해야 잘 될까?"라고 말해 보세요.

"어떻게 하면 실수하지 않을 수 있을까?" "어떻게 하면 취업할 수 있을까?" "어떻게 하면 저 사람이 내 마음을 알아줄까?"라는 식입니다.

"어떻게 하면?"이라는 질문을 던지면 저절로 긍정적 사고회로가 가동됩니다.

'실현하는 것'이 전제이므로 '이런 방법이 있다', '이렇게 하면 된다'고 건설적으로 생각하게 되어 기분이 가벼워집니다.

꿈과 목표를 이룰 때도 "어떻게 하면 될까?"라는 질문을 끊임없이 반복하는 것이 요령입니다. '능력이 없다', '시간이 없다', '돈이 없다'라는 '안 되는 이유' 말고 '되는 방법'을 집요하게 찾아가다 보면 어느 날 '그래! 이런 방법이 있지!' 하고 자기 나름의 방법이 보이고 길이 열리는 순간이 찾아옵니다.

무의식중에 자신에게 던지는 "어째서?" "왜?"를 의도적으로 "어떻게 하면 될까?"로 바꾸기만 해도 하루 수만 번의 자문자답에서 긍정 회로를 강화할 수 있습니다. 장기적으로 인생에서 엄청난 차이를 만들어낼 테지요.

해결책을 찾아 행동하는 습관이 생기면 목표에 달성하는 '성공체험'이 늘어납니다. 이왕이면 건설적인 마음과 행동으로 연결되는 질문 "어떻게 하면 될까?"를 던져주세요.

42

"꿈은 크게,
오늘의 목표는 작게"

꿈이 없어도 살아가는 데 아무 지장이 없다고 생각하는 사람이 있습니다. 그것도 그것대로 좋겠지요. 하지만 살다 보면 자연스럽게 '이런 일을 하면 좋겠다', '언젠가 이렇게 되고 싶다'라고 머릿속에 그려지는 모습이 생기기 마련입니다. 부디 이런 마음을 '가능할 리 없어'라며 간단히 꺾어 버리지 말고 소중히 키워가기를 바랍니다.

어떤 꿈을 꾸든지 자유입니다. 마음껏 욕심을 부려도 됩니다. 지금은 어렵지만 '언젠가 그곳에 가겠다'는 원대한 꿈이 자신의 일상을 지탱해줄 수 있습니다. 무엇보다 그런 모습을 상상하는 자체가 즐겁다는 데 의미가 있겠지요.

꿈의 크기가 생각과 행동의 폭을 결정짓습니다. '킬리만자로에 오르고 싶다'는 사람과 '동네 뒷산에 오르고 싶다'고 생각하는 사람은 훈련 내용, 모으는 정보, 만나는 사람이 다를 수밖에 없습니다.

'킬리만자로에 오르고 싶다'고 꿈꾸는 사람은 가벼운 훈련의 일환으로 가까운 산을 제패하고 설령 킬리만자로에는 도달하지 못해도 비슷한 수준까지 올라갈 가능성이 큽니다.

여기서 포인트는 인생의 목표는 크게, 오늘의 목표는 실현 가능한 일로 설정하기입니다. 시작할 때는 부담되지 않는 범위로 낮은 목표를 세우는 것이 중요합니다.

"꿈은 크게, 오늘의 목표는 작게"는 예전 상사의 말버릇이기도 합니다. 원대한 꿈을 꾸며 행동하지 않는다면 그저 '꿈'으로 끝납니다. 매일 간단히 달성할 수 있는 일부터 차근차근 성공체험을 쌓아가며 꿈에 가까워지는 것입니다.

"꿈은 크게, 오늘의 목표는 작게"를 말버릇으로 삼으면 꿈과 현실의 차이를 냉정하게 인정하게 됩니다. 자신의 현재 위치를 파악한 다음, 자기 나름의 방법을 발견해 행동하다 보면 어느샌가 몸과 마음에 탄탄한 근육이 붙습니다.

커다란 꿈을 품고 사는 것은 '지금 이 순간'에 온전히 몰입하기 위한 삶의 지혜가 아닐까요.

43
"실패해도 괜찮아"
"모든 경험이 인생 공부"

"실패하면 안 된다"라고 주변에서 부담을 주거나 실패했을 때 호되게 질책받은 적이 있으면 '실패'를 과도하게 겁내며 "실패하면 안 된다"고 자신을 압박하는 경향을 보입니다.

"실패하면 안 돼"라고 반복하다 보면 무난한 길을 선택하게 될 뿐만 아니라 혹여 결과가 좋지 않을 때는 회복 불가능할 정도로 좌절하고 맙니다. 자존심이 세서 지적을 받으면 굉장히 화내거나 우울해하는 사람도 이와 비슷한 맥락입니다.

한번 잘 생각해보기 바랍니다. 이 세상에 실패한 적 없는 사람이 있을까요? 만약 있다고 한다면 아무것에도 도전하지 않은 사람이겠지요. 그런데 '아무것에도 도전하지 않은 것'보다 더 큰 실패가 있을까요?

큰 성공을 거둔 사람일수록 그 과정에서 셀 수 없는 실패를 만나 그때마다 궤도를 수정했기에 '성공'에 이른 것입니다. 재기하기 어려워 보이는 좌절이 오히려 역전극의 계기를 만들기도 합니다.

일이나 인간관계, 연애, 육아 등 처음부터 실패하려는 사람은 없습니다. 성공의 이미지를 머릿속에 그리며 도전하는 한편, 노력하는 자신에게 이런 말도 건네주세요.

"만에 하나 실패해도 괜찮아."

성공에 이르는 단계로서 '실패'를 받아들이면 공연한 두려움이 사라지고 일이 잘 풀리지 않아도 "생각대로 되지 않을 때도 있지"라며 마음을 다잡을 수 있습니다.

저는 일상에서 '요리에 실패', '쇼핑에 실패' 등 실패가 끊이지 않아서 "모든 경험은 인생 공부"라는 말을 습관처럼 합니다. 좌절로 끝나면 '실패'지만 '삶의 교훈'를 하나 배우면 '성공의 양분'이 되니까요.

44

"그 사람이라면
어떻게 할까?"

아무리 생각해봐도 막막하기만 할 때 자주 중얼거리는 말입니다.

"그 사람이라면 어떻게 할까?"

그러면 '그 사람'의 시각으로 문제를 바라보게 되어 '고민할 거리가 아니다. 간단한 일이다. ○○하면 된다'고 해결책이 번뜩 떠오릅니다.

제게 이 방법을 전수해준 한 여성 경영자는 전업주부에서 경영자로 변신한 후 1년 동안 최대한 많은 경영자를 만나 다양한 이야기를 들으려고 노력했다고 합니다.

그리고 직원을 교육할 때 "그 사람이었다면 어떤 식으로 말했을까?" 사업을 확장할 때 "그 사람이라면 어떻게 할까?" 등 존경하는 경영자를 떠올리면서 해결책을 찾은 것이지요.

"그 사람이라면 어떻게 할까?"라고 본보기가 되는 사람을 떠올리며 그 사람이 된 양 생각하고 행동하는 것을 심리학 용어로 '모델링'이라고 합니다.

누구나 자기만의 사고방식과 반응 패턴이 있기에 새로운 시각으로 문제를 대하기가 어렵습니다. 이런 모델링은 문제를 한발 물러나서 바라보는 객관성과 새로운 관점을 만들어내며 해결의 실마리를 제시합니다.

발표를 앞두고 긴장될 때는 "그 연예인처럼 즐겁게 말해보자"라고, 자존심 때문에 좀처럼 사과의 말을 건네기 어려울 때는 "언제든 솔직한 그 사람처럼 미안하다고 말해야지"라고, 사소한 일로 고민하게 될 때는 "오늘은 늘 낙천적인 ○○씨처럼 행동해보자"라고 자신에게 말해보세요. 상황에 맞는 다양한 본보기가 든든하게 지원해줄 테니까요.

"그 사람이라면 어떻게 할까?"는 머릿속의 안개를 걷어주며 도전에 다가갈 힘을 주는 말입니다.

45

"나는 운이 좋아"
"나는 행운아"

꿈과 목표를 차근차근 이뤄나가는 사람은 예외 없이 "나는 운 좋은 사람"이라고 말합니다. "좋은 상사를 만나서 온라인 판매 업무를 맡았습니다. 그 영향으로 회사에서 출자를 받아 오랜 꿈인 '내 가게'를 가질 수 있었습니다."

"운 좋게 시대의 흐름을 타고 사업이 잘 풀린 덕에 염원했던 해외 이주를 하게 되었어요. 그런데 또 운 좋게 적당한 집을 싼값에 구했고 좋은 인연을 만나서 행복하게 지내고 있어요."

이처럼 "운이 좋다"고 말하는 사람은 대체로 "고맙게도", "감사합니다"라는 말도 자주 입에 담습니다. 혼자 힘이 아니라 다른 무언가의 도움을 받았음을 인식하고 그것을 기쁘게 받아들이는 자세가 있기에 행운이라는 파도를 능숙하게 타는 것이겠지요.

'행운'은 우연의 산물인 듯해도 대부분은 스스로 만들어낸 결과입니다.

운 좋은 사람은 '나는 운 좋은 사람'이라고 믿기에 운이 좋은 것입니다. 인생에서 맞닥뜨리는 일을 긍정적으로 받아들이기 때문에 '행운'을 만나는 것입니다.

이를테면 교통사고로 심각한 후유증이 남은 경우, "그런 사고를 당하고 죽지 않았으니 운이 좋다고밖에 할 수 없지요"라며 웃는 사람이 있는가 하면 "그 사고가 불운의 시작이었습니다"라고 한탄하는 사람도 있습니다.

행운의 주인공이 될지, 불행의 주인공이 될지는 스스로 정하는 것입니다.

"나는 운이 좋아", "운이 따르는 사람"을 습관처럼 입에 담다 보면 저절로 '감사하는 습관', '긍정적으로 받아들이는 습관'이 생깁니다. 자신감이 붙으며 불안과 초조함이 줄어듭니다.

어떤 상황에서나 "나는 운이 따르니 괜찮을 거야"라고 말하며 당당하게 앞으로 나아가기를 바랍니다.

46

"나는
○○할 수 있는 사람이다"

한때 불량배였다는 변호사의 인터뷰 영상을 우연히 보았습니다.

조직에서 파문당한 후 변호사가 되겠다고 결심했는데, 공부의 원동력은 어머니를 기쁘게 해드리고 싶다는 마음과 '네까짓 게 변호사가 될 수 있을 리 없다'고 비웃던 사람들에게 성공한 모습을 보여주고 싶다는 열망이었다고 합니다.

처음에는 공부하는 습관이 전혀 없어서 30분도 채 앉아 있지 못했지만 불안하고 초조해하면서도 "나는 사법시험에 붙을 사람이다"라고 끊임없이 되뇌었다고 합니다.

그 후 사법시험을 단번에 합격하는 데는 분명 그 말의 힘도 한몫했을 테지요.

누구나 무의식중에 '나는 이런 사람'이라는 '자기 모습self-image'을 가지고 있어서 그 이미지대로 행동하고 이미지에 맞는 선택을 합니다. '나는 다른 사람과 금방 친해진다', '나는 소극적이고 내향적인 사람이다', '나는 꽤 끈기 있는 사람이다', '나는 뭐든 꾸준히 하지 못한다' 등 저마다 자기 이미지를 가지고 있습니다.

그런 자신에 대한 이미지는 과거 경험과 말의 힘이 빚어낸 것입니다. 특히 평소 주변에서 듣는 말, 자기 스스로 하는 말의 힘은 가히 절대적이라 할 수 있습니다.

어렸을 때 들었던 '착한 아이'라는 말, 점쟁이가 '너의 미래는 이럴 것이다'라고 한 말을 진실이라 믿으며 자신에게 끊임없이 반복해서 들려주는 것이지요.

꿈과 목표를 이루고 싶고 자신을 바꾸고 싶다면 "나는 ○○할 수 있는 사람이다", "나는 ○○가 된다"고 말함으로써 무의식의 '자기 모습'을 바꿀 수 있습니다.

무의식은 사실 여부와 상관없이 '믿고 싶은 것'을 믿습니다.

속는 셈 치고 '꿈을 이룬 자신의 모습'을 선명하게 머릿속에 그

려보며 "나는 ○○할 수 있는 사람"이라고 소리 내어 말해보세요.

자신에게 그 말을 들려주세요.

말버릇의 마법이 전혀 다른 인생의 길을 열어줄 테니까요.

4장

원만한
인간관계와
행복을 부르는
말버릇

47

"대단해"
"멋지다"
"근사하다"

칭찬의 말은 인간관계의 윤활유입니다. '당신을 인정합니다'라는 메시지로서 상대방을 기분 좋게 만듭니다. 게다가 칭찬은 칭찬으로 돌아오는 경우가 많지요.

그러나 칭찬의 진정한 위력은 칭찬을 입에 담은 순간, 말하는 사람 자신이 행복해진다는 데 있습니다.

직장에서 어쩐지 대하기 껄끄러운 사람이 있다면 "○○씨는 작업이 빠르네요. 본받고 싶어요"라는 식으로 칭찬을 건네면 친밀감이 생겨 호의적인 마음이 싹틉니다.

칭찬의 말을 입에 담으면 마음이 안정되어 상대방에 대한 감정이 달라집니다. 칭찬의 대상에게 직접 전하지 않고 제삼자에게 전하거나 혼자 중얼거리기만 해도 칭찬의 효과가 나타납니다.

반대로 "○○는 건방지다" 같은 험담이나 불만을 입에 담으면 부정적 감정이 강해져서 싫은 점밖에 보이지 않기 때문에 결국 자신에게 스트레스가 됩니다. 머릿속 생각은 대체로 긍정 또는 부정입니다. 무의식 컴퓨터는 '칭찬'을 입력하면 좋은 정보를 모으려 하고 '험담'을 입력하면 나쁜 정보에 초점을 맞춥니다.

게다가 무의식 컴퓨터는 자신, 상대, 제삼자라는 인칭을 구분하지 못하고 전부 '자기 일'로 처리하려는 특징이 있습니다. 칭찬의 말을 입에 담을 때 그 말을 듣고 가장 기뻐하는 사람은 바로 '나 자신'입니다. 상대방을 공격하는 말을 하면 그 말에 가장 상처받는 것도 '나 자신'임을 기억해주세요.

꼭 재치 있는 표현으로 칭찬할 필요는 없습니다. '좋다'는 생각이 들면 칭찬의 말 삼총사를 활용해도 좋겠지요. "대단해!" "멋지다!" "근사하다!"를 대화에 자연스럽게 녹여보세요.

칭찬은 질보다 양입니다. 칭찬하는 버릇을 들이면 자꾸 누군가를 칭찬하고 싶어집니다. 칭찬의 마법을 십분 활용하여 자기 자신과 주변 사람 모두를 행복하게 만들어주세요.

48

"고마워요. 큰 도움을 받았어요"
"○○씨랑 이야기하면
기분이 좋아져요"

저는 어렸을 때 부모님께 칭찬받은 적이 그리 많지 않은데, 초등학교 수업 참관에 오셨을 때 제가 표창장을 받은 것이 '자랑스러웠다'던 어머니 말씀, 제가 주방을 깨끗이 정리한 덕에 엄마가 '하루의 피곤이 싹 가셨다'고 말씀하셨던 기억이 유난히 선명합니다. 칭찬의 마법은 신기하게도 '그렇다면 또 열심히 해야지!'라고 마음먹게 했습니다.

"○○는 어떻구나" 하고 당신(you)을 주어로 한 칭찬보다 "나는 이렇게 느꼈다"라고 나(I)를 주어로 하면 메시지의 감동이 훨씬 커집니다.

상사 중에 "고마워요. 큰 도움을 받았어요"가 말버릇인 사람이 있었습니다.

"잘했다" 같은 칭찬도 물론 기쁘지만, 자칫 '나보다 높은 사람에게 평가받는 느낌'이 들어 약간 불편하게 느껴질 때도 있습니다.

"큰 도움을 받았다"의 주어는 '나(I)'입니다. 상대에 대한 평가나 강요가 없으므로 말에 진정성이 담깁니다. "큰 도움을 받았어요"가 말버릇이었던 상사 주변에는 늘 함께 일하고 싶어 하는 사람이 많았습니다. '나'를 주어로 한 칭찬의 말은 다른 사람과의 관계를 한층 견고하게 다져줍니다.

"○○씨와 이야기하면 기분이 좋아져요"라고 말하는 사람과는 자연히 즐거운 대화가 이어지겠지요. "○○씨와 이야기하면 마음이 편해져요"라고 말하는 사람과는 편안한 대화가, "많이 배우게 됩니다"라고 말하는 사람과는 배울 거리가 있는 대화가 이어지며 관계가 구축됩니다. 자신과 상대에게 긍정적인 영향을 주는 칭찬의 말을 자주 하면 인간관계도 그 말을 따라갑니다.

"기분이 좋아져요", "힘이 납니다", "마음이 편안해져요", "존경합니다" 등 '나'를 주어로 하는 칭찬의 말은 누구보다 '나 자신'에게 효과가 크다는 사실을 명심하기 바랍니다.

49

"당신이 있어 주는 것만으로도 충분해요"
"당신을 만나서 행복해요"

고령자들끼리 모여 살기 시작했을 때 주변에서 기른 채소를 주기도 하고 밭의 잡초를 뽑아주는 등 다른 사람에게 도움을 받기만 해서 '나도 뭔가 해야 하는데 할 줄 아는 게 하나도 없네'라며 초조해하던 시기가 있었습니다. 그런 제게 80대 여성 한 분이 이렇게 말했습니다.

"당신이 있어 주는 것만으로도 다들 기뻐해요", "당신이 우리 마을에 오고 나서 마을에 활기가 돌아요. 당신을 위해 뭔가 해줄 수 있는 게 기쁜걸요"라고요.

그 말에 얼마나 큰 위로를 받았는지 모릅니다. '이러저러해서 좋다'라고 조건이 붙은 칭찬보다 아무 조건 없이 존재 자체를 인정받는 느낌이 들어 안도와 행복이 밀려왔습니다.

그때부터 저도 '존재 가치'를 의식하여 말하고자 노력했습니다.

친구 생일에도 "태어나줘서 고마워", 함께 일하는 동료에게도 기회가 있을 때마다 "○○씨가 있어 줘서 여기까지 올 수 있었어", 어머니에게도 수시로 "엄마 딸이라 행복해요"라고 전합니다. 좋은 만남뿐만 아니라 이사나 이직 등으로 헤어지는 순간에도 '당신과 만나서 행복하다'고 인연의 소중함을 표현하려 합니다.

존재 자체를 인정하는 말버릇은 시시콜콜한 좋고 나쁨을 떠나 종합적으로 자신에게 좋은 영향을 주는 존재로 상대를 인정함으로써 경의와 감사를 깨닫게 합니다.

그리고 자연스레 자기 자신의 존재에 대해서도 경의와 감사를 느끼게 됩니다. '살아있길 잘했다', '나라서 좋다', '살아있다는 사실에 가치가 있다', '내가 어떤 모습이든 내게 고맙다', '이런 내가 좋다'라는 생각이 듭니다.

무의식 컴퓨터는 주어를 잘 구별하지 못합니다. 타인의 존재를 칭찬하다 보면 자신의 존재를 있는 그대로 인정하게 되어 삶의 무게가 한결 가벼워집니다.

50

"너는 너,
나는 나"

"너는 너, 나는 나. 그래도 사이좋게"라는 말은 대만 유학 시절 학생들의 의견이 대립할 때 은사님이 종종 입에 담던 말입니다. 이 말은 원래 무샤노코지 사네아쓰武者小路 実篤의 명언으로, 대만 민주주의 아버지라 불리는 리덩후이李登輝 전 총통이 국가와 국가의 이상적 관계를 표현하는 데도 사용했습니다.

'당신은 당신이고 나는 나다. 생각하는 방식, 역사와 문화, 나아가고자 하는 길도 다르나 그 다름을 인정하고 서로 존중하며 좋은 관계를 구축할 수 있다'는 뜻입니다. '너는 너, 나는 나'는 사실 모든 인간관계의 기본입니다.

부부, 연인, 친구, 동료와 의견이 다를 때 자기 생각을 밀어붙이며 "네 생각은 이상하다"고 상대방을 부정하거나 바꾸려 하지 않나요? 무의식중에 '내가 옳다'고 생각하기 때문에 자기도 모르는 사이에 태도가 오만해집니다. 상대방에게는 그 사람만의 옳음이 있어서 그에게는 지극히 '자연스러운' 일인데도 말이지요.

뇌의 무의식 컴퓨터는 주어를 인식하지 못한다는 특징 외에도 모든 일을 자기 세계의 규칙으로 판단하려는 경향이 있습니다. 타인의 취향을 비판하거나 아이의 선택을 반대하는 부모, 부하의 의견을 무턱대고 배제하는 태도 또한 '자신의 규칙'을 남에게 적용하는 사례입니다. 다양성을 받아들이기 힘든 것도 무의식 컴퓨터의 이런 경향과 관련이 있습니다.

타인에 대한 분노나 불안이 느껴질 때 "너는 너, 나는 나"라고 자신에게 말해보세요. 상대와 자신의 세계 사이에 하나의 선이 그어지며 각자 그 상태 그대로 좋다는 것을 깨닫게 됩니다. 상대의 세계를 존중하는 마음으로 다가가게 되며 필요할 때는 정중하게 의견을 내거나 상대방에게 배우려는 자세가 만들어집니다.

"너는 나, 나는 나"는 서로 다른 사람끼리 타협하며 현명하게 살아가는 요령입니다.

51

"신경 쓰지 마"
"남들은 내 일에 관심 없어"

고백하건대 30대까지 주변의 시선, 사람들의 말에 몹시 휘둘리는 사람이었습니다. 지금도 비판이나 부정을 당하면 한순간 위축되는 것이 사실입니다.

회사원 시절, 꼭 참가하고 싶은 행사가 있어서 휴가를 내고 싶었는데 주변의 시선이 아무래도 걱정돼서 좀처럼 말을 꺼내지 못하고 있었습니다.

그때 한 친구가 이런 말을 하더군요.

"신경 쓰지 마. 다른 사람들이 내 일에 신경 쓴다고 생각하는 건

자의식 과잉이야. 내가 생각하는 것만큼 남들은 내 일에 관심 없어."

'그래, 맞는 말이다!' 싶었습니다. 남들이 어떻게 생각할지 걱정하며 하고 싶은 일을 하지 못한 채 인생을 보내는 건 너무 아까우니까요.

그 후로는 "신경 쓰지 마", "남들은 내 일에 관심 없어"를 말버릇으로 삼아 '하고 싶은 말', '하고 싶은 일'에 용기를 냈지만 그래서 곤란해진 적은 한 번도 없습니다. 상대방의 상황을 존중하고 남에게 상처 주지 않으려 배려하는데도 자신을 싫어하는 사람이 있다면 어쩔 수 없습니다. 모든 사람에게 호감 받기를 바라는 건 뻔뻔한 이야기일 테지요.

무의식 컴퓨터에는 '타인의 안색 살피기' 시스템이 갖춰져 있는 듯합니다. 유아기부터 자신의 행동에 부모나 주변 사람이 어떻게 반응하는지 관찰하면서 사회성을 익혀왔으니 어쩌면 당연하겠지요.

그런데 어른이 되어서도 남의 눈만 신경 쓰면 자신을 억누르게 되어 스트레스만 야기할 뿐, 자기 자신조차 자신이 진짜 원하는 것이 무엇인지 알 수 없어집니다.

타인의 시선과 말이 신경 쓰인다면 "신경 쓰지 마, 남들은 내 일

에 관심 없어"라고 자신에게 말해주세요. '나다운 나'로 살아가는
요령입니다.

자기 마음을 소중히 여기는 사람이 다른 사람 마음도 소중히 여
길 줄 압니다.

52

"나는 내가 할 수 있는 일을 한다"

정도의 차이는 있겠지만 누구나 타인과 자신을 비교할 때가 있습니다.

SNS에서 누군가의 화려한 생활을 보고 "좋겠다. 저 사람에 비하면 나는……"이라며 침울해하고 직장에서 일 잘하는 후배와 비교당하거나 친구들과 연봉이나 학력의 격차를 느낄 수도 있습니다.

여기서 포인트는 '다른 사람이 가진 것'과 '내가 가지지 않은 것'의 비교라는 점입니다. 처음부터 지는 싸움을 한다는 뜻이지요.

우월감, 안심감을 느끼고 싶어서 '저 사람보다 내가 낫다'고 생각하는 것도 어리석은 비교입니다.

타인과 비교함으로써 자신의 가치를 정하려 하면 마음이 쉴 새가 없습니다.

주변이 어떠하든 "나는 무엇을 하고 싶은가?" "내가 진정 원하는 것이 무엇인가?" "무엇을 할 수 있는가?"라고 자기 자신에게 물어보세요. 밖으로 향했던 시선을 자기 자신에게 돌려야 비교를 멈출 수 있습니다. 자신이 만족스러운 삶을 살면 의미 없이 타인과 비교하지 않습니다.

저도 예전에 남과 끊임없이 비교하게 될 때 의식적으로 "내가 할 수 있는 일을 한다"고 되뇌었습니다. 이를테면 직장에서 자기 외의 모든 사람이 능력 있어 보일 때 "저 사람들처럼 할 수 없다면 내가 잘하는 일을 해야지. 나는 사람 이름을 잘 외우니까 손님 이름을 외워서 접객에 활용해야겠다"라며 자신이 할 수 있는 일이나 과제를 찾아 그것에 착수하는 것입니다.

비교에 휘둘리지 말고 비교를 슬기롭게 이용해보세요. 존경하는 사람과 자신을 비교하며 "나는 한참 더 노력해야 한다. 더 올라가야지", 경쟁자와 자신을 비교하며 "저 사람이 열심히 하니 나도 힘을 내야지"라는 식으로 자신을 격려하는 데 활용한다면 비교에도 의미가 있습니다.

쓸데없는 비교를 멈추면 타인을 솔직하게 인정하며 잘됐다고 진심으로 축하해줄 수 있습니다. 그리고 인생에는 경쟁도 다툼도 필요 없음을 깨닫게 될 테지요.

53

"나는 ~인데,
너는?"

'이 사람과 이야기하면 즐겁다'고 느껴지는 사람을 보면 "나는 ~인데 너는?"이라는 말을 자주 입에 담습니다.

처음 만난 자리에서는 일방적으로 자기 이야기만 늘어놔도, 상대방 이야기를 듣기만 해도 대화가 무르익지 않습니다.

"저는 오사카 출신인데 ○○씨는 어디세요?"라는 식으로 우선 자기 정보를 보여주고 질문하면 상대도 마음을 열기가 쉬워집니다.

대화의 캐치볼은 '공을 너무 오래 가지고 있지 않기'가 포인트입니다. 공을 받았다면 "저는 후쿠오카에서 왔어요. □□씨는 여기로 이사 온 지 오래되셨어요?" 하고 새로운 질문을 덧붙여 공을 던져야 대화에 탄력이 붙습니다.

대답하기 쉬운 질문부터 시작해서 관심 가는 부분을 자세히 물어보거나 공통점에 공감하다 보면 서로를 이해하게 되어 마음의 거리가 좁혀집니다.

부부나 친구 사이에도 일방통행 대화가 아니라 "~에 대해서 나는 이렇게 생각하는데 너는 어때?" "다음에 ○○에 가고 싶은데 너는 어때?" 하고 상대방의 의견에도 귀를 기울여주세요.

직장에서도 '업무 외에 할 말이 없다', '이 정도는 말 안 해도 알겠지'라고 생각해서는 서로를 이해하기 힘들어 관계가 건조해집니다. 도움을 주고받거나 배려하는 일도 자연히 줄어들 테지요.

"나는 이렇게 생각하는데 너는?"이라는 질문은 상대방에 대한 배려이자 관심과 호의를 나타내는 메시지입니다. 여럿이 대화할 때도 골고루 발언할 수 있도록 "○○씨는 어떻게 생각해요?"라고 공을 던져주면 따뜻하고 편안한 자리가 만들어집니다. 사소한 대화를 통해 양질의 관계를 구축하는 비결입니다.

54

"괜찮아,
너라면 할 수 있어"

유치원 선생님인 친구가 말하길, 아이가 새로운 놀이나 학습에 도전할 때는 "괜찮겠어?"라고 물으며 걱정하는 게 아니라 "괜찮아, ○○는 잘 할 거야"라고 신뢰의 말을 건네며 지켜보는 것이 중요하다고 합니다.

"괜찮겠어?"라고 물으면 아이가 불안한 표정을 짓고 "괜찮아, 할 수 있어"라며 어깨를 두드리면 밝게 웃으며 도전을 시작한다더군요. 어른도 불안을 느낄 때 흔히 "괜찮아, 괜찮아" 하고 스스로 되뇌지요. 그런데 그때 다른 누군가가 어깨를 두드리며 "괜찮다"고 말해주기를 바라는지도 모릅니다.

저도 지금껏 주변에서 보내준 "너라면 할 수 있어"라는 말에 얼마나 도움을 받았는지 모릅니다. 신문사를 그만두고 프리랜서 작가가 되기로 마음먹었을 때 "너라면 어디 가서든 잘 할 수 있을 거야"라고 말해준 편집장의 말에 엄청난 용기를 얻었습니다. 자신 감이 사라지려 할 때마다 수도 없이 되뇌었습니다.

책을 쓰면서 불안해질 때도 "분명 잘 쓸 수 있을 거예요"라고 저를 믿어주는 편집자의 말을 들으면 '그래, 할 수 있어!'라는 생각이 들며 글이 써집니다. 할 수 있는 사람과 할 수 없는 사람은 능력의 차이라기보다 '자신을 얼마나 믿는지'로 결정 나는지도 모릅니다.

그래서 저는 자주 "○○씨라면 괜찮아. 잘 할 수 있어"라고 말합니다. 의미 없는 인사치레가 아닙니다. 사람은 괜찮다고 생각하면 정말 괜찮아집니다. 만에 하나 결과가 예상과 달라도 '괜찮다'고 받아들이게 되지요.

너무 걱정될 때는 걱정의 말과 손을 내밀 때도 있지만 대부분은 "너라면 괜찮을 거야"라는 말로 지켜보는 편이 상대방을 위하는 일이 됩니다. 타인을 신뢰하며 격려하는 말은 건강하고 유익한 관계를 만들 뿐만 아니라 말하는 사람까지 기운 나게 만드는 효과가 있습니다.

55
"상대방의 감정은
상대방의 문제"

가족, 동료, 연인 등이 짜증 난 표정으로 눈을 맞추지도 않고 아무 말도 없이 혀를 차면서 기분 나쁜 티를 잔뜩 낼 때 '혹시 내가 화나게 했나?' 불안해한 적이 있나요?

이런 상황에서 보이는 반응은 대체로 두 가지입니다. 하나는 '내 잘못'이라고 인식하며 자책하고 상대방의 기분을 풀어주려는 경우, 또 하나는 "너한테도 잘못이 있는데 그런 태도는 좀 아니지 않냐"며 상대방을 비난하면서 자기까지 기분 나빠하는 경우겠지요.

상대방의 기분에 휘둘리지 않으려면 문제가 어디에 있는지 파악

할 필요가 있습니다.

이럴 때 현명하게 판단하는 데 도움 되는 말버릇이 "상대방 감정은 상대방 문제"입니다.

기분 나쁜 원인이 무엇이든 그 감정을 선택한 건 '본인'입니다. 똑같은 상황에도 아무렇지 않게 흘려넘기는 사람, 부정적 감정을 드러내지 않는 사람도 있으므로 기분이 나쁜 것은 본인이 대처해야 할 문제라는 의미입니다.

게다가 할 말이 있다면 분명하게 말로 전해서 해결할 수 있는데 감정만 드러내면서 남이 알아주기를 바라는 것은 성숙한 커뮤니케이션이라고 보기 어렵습니다.

이와 마찬가지로, '내 감정은 내 문제'입니다.

부정적인 감정을 가능한 한 금방 털어내야 기분 좋게 지낼 수 있겠지요. 부정적인 감정은 주변에도 쉽게 전염되니 주의가 필요합니다.

반대로 다른 사람의 초조함, 슬픔, 불안, 무기력 등도 자신에게 전염될 가능성이 있습니다.

일시적으로 공감하더라도 "상대방의 감정은 상대방의 문제"라고 자신의 문제와 분리하는 습관을 만들기 바랍니다.

자신과 타인의 문제를 분리하는 습관이 생기면 마음의 장벽이 타인의 초조와 짜증이 자기 쪽으로 넘어오지 않게 막아줍니다. '저 사람이 감정을 소화하지 못하고 있구나', '조만간 기분이 풀어지겠지' 하고 한 걸음 물러나 기다리는 마음의 여유가 생겨납니다.

56

"상대가 아니라
나에게 기대한다"

잉꼬부부로 유명한 친구가 자주 하는 말이 "상대방한테 기대하지 말고, 자기 자신에게 기대한다"입니다.

'상대에게 기대하지 않는다'라니 차갑게 들릴지 모르지만 실제로는 타인에게 무척 다정한 사고방식입니다.

인간관계의 스트레스는 대부분 '상대에게 기대하는 것'에서 비롯됩니다. '왜 그 사람은 아무것도 해주지 않지?' '더 기꺼이 해줄 수는 없나?' '너무 자기 생각만 한다'는 생각이 드는 건 상대에게 기대하고 있기 때문입니다.

하지만 타인을 통제할 수는 없습니다.

상대방의 모습 그대로를 '그런 부분도 있다'고 받아들이면 마음이 편해집니다. '그렇다면 어떻게 해야 할까?' 하고 방법을 모색하게 됩니다.

결국 자신이 통제할 수 있는 존재는 '나 자신'뿐입니다.

저도 다른 사람에게 화가 날 때 "상대가 아니라 나에게 기대한다"는 말을 되뇌다 보니 '이래야만 한다'라는 자신의 가치관을 상대방에게 강요하고 있음을 깨닫게 되었습니다.

거리에서 만나는 무례한 사람, 가치관이 다른 친구, 건망증이 심한 부모님을 볼 때도 '다들 열심히 살고 있다'고 받아들이는 관용이 생겼습니다.

"상대에게 기대하지 않고 나에게 기대한다"는 말은 상대에게 아무런 요구도 하지 않고 뭐든 자기 혼자서 떠안는다는 뜻이 아닙니다. 기대하지 않되 신뢰하는 것입니다. 필요할 때는 상대방에게 의지하고 부탁하거나 의견을 구하는 일도 있겠지요.

'자신에게 기대하기'는 문제를 인식하는 방법과 대처하는 방식을 바꿔 해결책을 찾는 것입니다. "상대가 아니라 나에게 기대한다"는 말을 반복적으로 하다 보면 인간관계의 스트레스에서 벗어나 자신과 타인에게 상냥해질 수 있습니다.

57

"참 안됐다"
"참 잘됐다"

저는 비아냥이나 악담, 공격적 발언 등 악의가 느껴지는 말을 들으면 마음속으로 "참 안됐네요"라고 중얼거리며 받아들이기를 거부합니다.

앞서 55번 항목에서 언급한 '상대방 감정은 상대방 문제'와도 일맥상통합니다.

"참 안됐네요"는, 마음에 스트레스와 피로 등의 독이 쌓여 악담을 내뱉는 사람을 향한 말입니다. '독이 든 말'을 받아들이면 듣는 사람까지 독의 피해를 입습니다.

"당신은 잘 모르겠지만요"라는 투의 가시 돋친 말을 들을 때도 마음속으로 "어머나, 딱해라" 하고 중얼거리면 그 말을 곧이곧대로 받아들이고 상처받는 일이 없습니다. "그러게"라며 웃어넘길 수 있습니다.

한번은, 역에서 뒤에 오던 남성이 "거치적거리지 마!"라며 소리친 적이 있었는데 그때도 "참 안됐다"라는 말 덕분에 '스트레스가 심하게 쌓였나 보네. 나하고 상관없는 일이지' 하고 바로 기분을 전환할 수 있었습니다.

그런데 중요한 말 속에 빈정거림이나 비판 같은 독이 함께 들어 있을 때는 특히 주의가 필요합니다. 곰팡이가 핀 과자에서 곰팡이 난 부분을 도려내는 느낌으로 말 속에 담긴 독을 털어내고 필요한 정보면 받아들이면 됩니다.

일본어로 '참 안됐다'는 말을 '마음의 독気の毒'이라고 쓰는데 에도시대에는 반대말로 '마음의 약気の薬'이라는 표현을 사용했다고 합니다.

마음이 치유되거나 기운 나는 일에 "그것참 마음의 약이 되네요"라는 식으로 말이지요.

격려, 감사, 칭찬 등 다정한 호의가 담긴 말은 '마음의 약'이 됩니다.

기분 좋은 말을 들으면 "참 잘됐네요", "참 고마운 일이네요" 하고 말하는 버릇을 길러보세요. 자연스레 다른 사람에게도 '마음의 약'이 되는 따뜻한 말을 건네려고 의식하게 됩니다.

애정 담긴 말을 가장 가까이서 듣는 사람은 '나 자신'입니다. '약'의 효과를 가장 크게 느끼는 것도 자기 자신입니다.

58

"좋아해 주니 기쁘다"
"내가 좋아서 하는 일이야"

친절한 사람, 남을 대접하거나 깜짝 파티를 즐기는
사람을 보면 "좋아해 주니 기쁘다"라는 말을 자주 합니다.

친구들이 "당신은 만인의 어머니입니까?"라고 할 정도로 사람
챙기기를 좋아하는 친구가 하나 있습니다. 그 친구는 매실장아찌
나 잼처럼 오래 두고 먹을 수 있는 음식을 잔뜩 만들어서 친구들
에게 나눠주거나 남의 집 대청소를 돕기도 하고 종종 깜짝파티를
준비합니다. 그렇게 다른 사람을 웃게 하면서 "다들 좋아해 주니
다행이다. 나도 기쁘다!"라고 만족스러워합니다.

남을 기쁘게 하는 데 선수인 사람은 상대방이 "힘들었지? 바쁜데 고마워"라며 고맙고도 미안한 마음을 전하면 "내가 하고 싶어서 하는 거야"라고 상대방의 마음이 가벼워지는 말을 건넵니다. '상대방을 위해서'가 아니라 '자신을 위해서' 하는 일이라고 의식하므로 친절의 샘이 마르지 않는 것이겠지요.

다른 사람에게 무언가 해줘서 상대방이 기뻐했을 때 "좋아해 주니 다행이야!"라고 말하면 행복함이 가슴 깊이 와닿습니다.

'나는 이렇게 했는데', '해준 만큼 받아야지'라고 보답을 기대하는 것이 아니라 기뻐하는 얼굴만으로 충분히 보상받았다고 생각하며 매듭을 짓는 것입니다.

다만, 상대가 지나치게 기뻐하기를 기대하면 안 되겠지요. 어디까지나 자기가 하고 싶어서 해준 것이니 '기뻐해 주니 다행이네'라고 생각하는 정도가 적당합니다.

무언가를 해줄 수 있다는 것에 행복을 느낄 줄 알면 삶이 행복으로 가득 찹니다. 자기가 행복할 때 남에게도 상냥해집니다. 자신이 만들어낸 행복이 주변을 행복으로 물들이고 행복의 선순환이 일어납니다,

"좋아해 주니 기쁘다"는 말은 행복의 본질을 담은 말입니다. 무의식 컴퓨터에 입력하면 '행복해지는 습관'이 생깁니다.

5장

성공과 돈을 부르고
풍요로움을
끌어당기는
말버릇

59

(돈이 없어도)
"즐길 방법은 있어"

20여 년 전 도쿄에 와서 일용직을 전전하며 간신히 생활을 이어갈 때 저는 "돈이 없다"는 말을 절대 입 밖으로 꺼내지 않겠노라 마음먹었습니다. 말에는 신비한 힘이 있으므로 '돈이 없다'는 말이 현실을 고정할까 봐 걱정됐기 때문입니다. 모임에 초대받거나 하고 싶은 일이 있는데 "돈이 없어서 안 돼"라며 변명하고 포기하는 건 볼품없는 짓이라 여겼습니다.

당시 한 친구는 "돈이 없다"가 말버릇이었습니다. 만날 때마다 "돈이 없어서 아무것도 못 해", "돈이 없어서 노후가 불안해"라고 말했습니다.

실제로 돈이 있었는지 없었는지는 모릅니다. "돈이 없다"는 참 편리한 표현입니다. "돈이 있다"고 말하는 것보다 "없다"고 하는 편이 겸손해 보여 친밀감이 느껴지기도 합니다. 그러나 말의 힘을 무시할 수는 없습니다. 20년이 지난 지금도 그 친구는 여전히 "돈이 없다"고 말합니다.

저는 "돈이 없다"는 핑계 대신 "할 수 있는 방법은 있다"는 말을 습관처럼 되뇌었습니다.

그러자 여행을 꼭 멀리 가지 않더라도 근처 숨은 명소를 찾아내고, 영어회화도 학원에 다니지 않고 외국인 친구를 사귀어 실력을 기르는 등 돈이 많지 않아도 지혜를 짜내 해결책을 찾으려는 습관이 생겼습니다. 오히려 절약하는 요령을 터득하기도 하고 사람들의 온정에 기대기도 하며 '돈이 없어서 못 하는 일'은 거의 없었습니다.

"돈이 없다"는 말버릇은 무의식 컴퓨터에 "돈이 없어서 행복해질 수 없다"고 입력하는 셈입니다. "돈이 없다"는 말을 자기 안에서 지워버리면, 돈이 있든 없든 하고 싶은 일을 포기하지 않고 스스로를 행복하게 만들 수 있다는 자신감이 생깁니다.

돈에 휘둘리는 것이 아니라 돈을 내 편으로 만들어 자신이 가고 싶은 길을 주체적으로 나아가게 됩니다.

60

"나는 돈 버는 능력이 있다"
"나는 돈이 따르는 사람이다"

가난할 때도 꽤 스트레스 없이 지내긴 했지만 한 번도 '계속 가난해도 상관없다'고 생각하지는 않았습니다.

'돈이 없어도 행복해질 수 있다'고는 해도 빈곤이 장기화되면 불행의 원인이 발생하기 쉬워지고 인생의 선택지와 가능성이 좁아지기 때문입니다.

저는 '계속 이대로일 리 없다. 조만간 나는 경제적 여유를 얻고 지금의 빈곤한 생활을 추억하게 될 것이다'라고 믿었습니다.

그 무렵 자주 되뇌던 말이 "나는 돈 버는 능력이 있다"입니다.

근거는커녕 그때까지 많은 돈을 벌어 본 적도 없었습니다.

하지만 반복해서 말하다 보니 정말 그렇게 될 것 같은 느낌이 들고 무의식중에 그 방법을 끊임없이 모색하게 됐습니다.

'업무상 좋은 기회를 얻었다', '좋은 사람과 만났다', '점쟁이에게 금전운이 좋다는 말을 들었다', '조금씩 성과가 보이기 시작한다' 등 사소한 일로도 자신감을 얻으며 '나는 돈을 잘 벌 수 있다'는 확신이 들었습니다. 자신이 믿는 대로 '자기 모습'이 만들어집니다.

"나는 돈과 인연이 없다", "나는 돈을 못 모으는 사람이다", "나는 왜 돈이 안 모이지?"라고 푸념하고 있으면 돈 버는 능력도 쓰는 기술도 모으는 힘도 길러지지 않습니다. 주변에 휩쓸리기 쉽고 불평불만이 많고 돈과 거리가 먼 사람으로 고정화됩니다.

지금은 아무 근거가 없어도 자신에게 "나는 돈을 버는 능력이 있다", "나는 돈이 따르는 사람이다"라고 꾸준히 말해주세요.

자기 나름의 방법을 찾아 성실하게 벌고 현명하게 사용하며 제대로 모으는 사람이 될 수 있습니다. 돈이 따르는 사람은 '주체적이며 긍정적이고 감사할 줄 아는 사람'입니다. 말의 힘은 1년 후 지금과는 다른 풍경을 보여줄 것입니다.

61

(나가는 돈에도)
"고마워!"

돈을 대하는 요령은 인간관계와 비슷합니다.

'돈은 몸과 정신을 망가뜨리는 사악한 존재다', '돈 버는 데 열중하면 중요한 것을 잃어버린다', '돈 따위 필요 없다'라고 꺼리며 부정적인 이미지를 가지면 자기도 모르는 새 돈이 멀어집니다.

반대로 '돈은 행복과 기회를 가져다준다', '투자와 성장은 가치를 올린다', '돈은 고마운 것'이라고 긍정적인 이미지를 가지고 있으면 돈을 신뢰하고 '소중한 존재'로서 돈과 사이좋게 지낼 수 있습니다. 돈을 진심으로 환영하는 사람에게 돈이 들어오는 것입니다.

돈에 부정적인 이미지를 가지는 이유는 '무지'밖에 없습니다. 돈 자체에는 아무 잘못도 없습니다.

돈은 행복을 얻기 위한 하나의 도구일 뿐입니다. 소중한 도구의 성질과 사용법을 모르기에 상처를 입고 호된 경험을 하는 것이지요.

돈을 소중히 여기고 현명하게 다루는 첫걸음은 돈이 들어올 때나 나갈 때나 "고마워!"라고 감사하는 일입니다.

특히 돈을 낼 때 "아, 또 돈이 나가네" 하고 안타까워하지 말고 돈을 사용할 수 있다는 것에 '감사'를 느끼며 기뻐하는 것이 포인트입니다.

돈에 대한 감사를 표현하다 보면 돈이 점점 사랑스러워 보입니다.

'돈의 가치'를 의식하게 되므로 사용법이 신중해집니다. 생각지 못한 수입이 생겼을 때도 도박보다는 오래전부터 점찍어둔 물건을 사거나 부모님께 선물하는 등 더 가치 있는 사용처를 모색하게 됩니다.

돈은 어떻게 다루느냐에 따라 가치가 달라진다는 점을 기억해 주세요.

가난해서 싼 물건을 사는 것이 아니라
싼 물건을 사니까 가난해지는 것이다

62

"좋아하는 것을 산다"
"갖고 싶은 것을 산다"

슈퍼마켓의 특가세일, 백화점의 바겐세일, 100엔 용품점 등에서 "우와, 싸다! 사야지", "이렇게 싸다니, 운이 좋네"라면서 '싸다'라는 키워드를 즐겨 쓰고 있지 않나요?

이른바 '가난한 체질'인 사람은 '조금이라도 싼 것이 이득'이라는 판단 기준으로 구입 여부를 결정하는 경향이 있습니다.

원래 사려던 물건을 할인할 때가 아니라면 '싸니까 사는 것'은 실패할 확률이 높습니다. 신선하지 않은 식품이라 금세 부패하거나, 활용하기 어려워 옷장만 차지하거나, 가전제품은 품질이 낮아서 금방 고장 나는 등 싸게 사서 득을 보려 했으나 '싼 게 비지떡'이라는 말처럼 결국 손해를 보게 될 수 있습니다.

"싸니까 사자"라는 말을 자주 하는 사람이 주의할 점은 무의식 중에 휩쓸리고 있을 가능성이 크다는 점입니다. 필요하지 않은 물건이라도 '싸다'에 반응하여 구입하는 건 환경에 휩쓸린다는 의미입니다. 돈의 사용처뿐 아니라 시간과 인간관계에서도 자신에게 정말 중요한 것, 필요한 것을 알지 못해 낭비가 끊이지 않습니다. "싸니까 사자"가 아니라 "좋아하는 것을 산다", "갖고 싶으니까 산다"라는 말을 기억하기 바랍니다. 주체적으로 선택하는 습관이 길러집니다.

저는 '망설이는 이유가 가격이면 사고, 사고 싶은 이유가 가격이면 사지 않는다'라는 규칙을 만들었습니다. '가격이 조금 싸면 좋을 텐데' 하고 고민하게 된다면 물건이 꽤 마음에 들었다는 증거입니다. '싸니까 사야겠다'는 마음이 든다면 정가로는 사지 않을 '값싼 애착'에 지나지 않습니다.

조금 비싸도 진심으로 원해서 산 물건은 그 순간부터 기분 좋게 소중히 다룹니다. 점점 애착이 커져서 오래 사용하게 되므로 결국 돈을 유용하게 사용하는 것이지요. "좋아하니까 산다"를 말버릇으로 삼아 주체적 자세를 길러보세요.

63

"정말 내게 필요한가?"

마음이 약해졌을 때, 마음에 여유가 없을 때 돈이 새기 쉽습니다. 스트레스가 쌓여 있으면 헤프게 쓰거나 무심코 허영을 부려 고가의 물건을 사기도 하지요. 그러다 경제적으로 궁지에 몰리면 한 방을 노리는 도박, 수상한 사업에 손을 대는 지경까지 이르기도 합니다.

물건이나 서비스에 대한 대가로 돈을 쓴다기보다 지금 이 순간 마음의 틈새를 채우기 위해 쾌감에 돈을 사용하는 경우입니다. 사람은 실제로 무언가를 손에 넣을 때보다 '그것을 손에 넣을 수 있다'고 상상할 때 더 쾌감을 느낍니다.

한밤중에 인터넷으로 충동구매하기 쉬운 것도 어딘가 채워지지 않는 허전함 때문인지도 모릅니다. 충동구매에 대한 불안, 죄책 감이 들어도 '열심히 한 나에게 주는 선물', '싸니까 실패해도 괜찮아', '조만간 사용할 테니까'라고 정당화합니다.

이처럼 '낭비 습관'의 해결책으로는 가계부나 앱으로 입출금을 시각화하기, 예산 내에서만 사용하는 시스템 만들기 등의 방법이 있습니다.

그러나 가장 효과적인 방법은 구매하기 전에 "정말 내게 필요한 물건인가?" 하고 자신에게 묻는 습관을 기르는 것입니다. 충동적으로 돈을 사용하여 소쿠리에 든 물처럼 돈이 줄줄 새어나가는 일을 막는 질문입니다.

"정말 내게 필요한가?"라고 자신에게 묻다 보면 사는 물건을 엄선하게 됩니다. 물건을 사지 않고 대여하는 데서 그치기도 하므로 집에 물건이 쌓이지 않습니다.

한 친구는 유학 비용 100만 엔을 모으기 위해 원하는 것이 있을 때마다 "이것이 없어도 죽지 않는다"고 되뇌며 1년 만에 목표 금액을 모았다고 합니다. 필요한 것만 엄선하여 기쁨을 음미할 줄 안다면 쓸데없이 '내게 주는 보상'을 바라는 일도 줄어들 테지요.

64

"기꺼이!"
"물론!"
"맡겨 주세요!"
"제가 하겠습니다"

일을 부탁받았을 때 "흠, 어쩌지……", "왜 나한테 부탁해?", "다른 사람은 없어요?", "바쁘지만 어쩔 수 없지"라고 거드름 피우면서 부정적으로 반응하는 사람이 있습니다.

'부탁하다'라는 행위에는 상대에게 거절 받을지도 모른다는 불안이 동반되기 마련입니다. 그런데 부정적인 말투를 들으면 '이제 이 사람한테는 부탁하지 말아야지'라는 생각이 드는 동시에 '이 사람이 부탁하는 건 들어주고 싶지 않다'고 생각하게 됩니다.

자영업자나 프리랜서라면 '업무 성과'나 '돈'과도 직접적인 관련이 있습니다.

조금 불안한 면이 있더라도 "기꺼이!", "물론 할 수 있습니다", "맡겨 주세요"라는 식으로 웃으며 부탁을 받아들이면 상대편도 안심할 수 있겠지요.

프리랜서로 일하기 시작한 지 얼마 되지 않았을 때 "이 일을 할 수 있나요?"라고 의뢰를 받으면 "꼭 하고 싶습니다!"라고 대답했습니다.

내심 약간 망설여져도 "시켜주세요!"라며 오히려 부탁하는 형태로 바꿔말함으로써 열의를 보여줄 수 있습니다.

무엇보다 스스로 의욕을 불러일으키는 말로 작용해 "좋아, 한번 해보자!" 하고 적극적으로 임하게 된다는 장점이 있습니다. 해본 적 없는 일이라도 "맡겨 주십시오!" 하고 최선을 다해 하나둘 완료해나가다 보면 자기 안에 경험과 지식이라는 자원이 쌓여갑니다.

일에서 성공하고 경제적으로도 여유로운 사람은 일을 고르지 않고 "기꺼이!", "맡겨 주세요!"라며 일을 맡는 사람이 많습니다. 그 말버릇이 '일하는 즐거움'과 '주변을 향한 감사'를 깨닫게 하는 것인지도 모릅니다.

65

"아무도 하지 않았으니
내가 해봐야지"

수영으로 일본 일주를 시도하는 여성의 인터뷰 기사를 읽은 적이 있습니다. 수년에 걸쳐 해안선을 따라 헤엄치며 일본을 일주하는 내용이었습니다. '스스로 대단하다고 여길 만한 일을 하자', '걸어서 일주한 사람도 있으니 수영으로도 할 수 있지 않을까?' 하고 커다란 도전에 뛰어들었다며 여름에만 해안선을 따라 수영하고 다른 기간에는 아르바이트하며 여행 자금을 모았다고 합니다.

저는 그 행동력에 감탄하는 동시에 '아무도 하지 않은 일을 해보자'는 생각은 인간에게 강한 동기를 부여하여 비즈니스 전략에도 통할 것이라는 확신이 들었습니다(정작 본인은 그런 의도가 없었더라도).

'아무도 하지 않았다'는 희소가치에 사람은 흥미를 느낍니다.

성공한 사업가의 상당수는 아무도 하지 않은 일을 해온 사람들입니다. 직장에서도 아무도 하지 못한 일을 하는 사람은 인정받으며 귀한 대접을 받습니다. 특별한 능력이 없어도 사람들이 꺼리는 일을 맡아주는 사람, 다른 사람이 생각하지 못할 기발한 아이디어를 내는 사람, 다른 사람의 기운을 북돋아 주는 사람 등도 소중히 여겨집니다.

동조압력이 강한 사회에서는 자칫 "다들 하는 것을 한다", "다들 하니까 한다"고 생각하기 쉽습니다. 모난 돌이 정 맞는다는 말도 있지요.

정을 맞지 않는 방법은 두 가지입니다. 하나는 과하게 모나지 않는 것, 또 하나는 다른 사람의 호감을 받으면서 모나는 것으로 후자가 더 현실적입니다.

저는 어렸을 때부터 주목받기를 부담스러워하면서도 '아무도 하지 않은 일'을 하고 싶어 했습니다. 아무도 갖고 있지 않은 만화책을 사면 친구와 교환해서 읽을 수 있고, 아무도 모르는 놀이를 알고 있으면 친구를 가르쳐줄 수 있다고 생각했습니다. '아무도 하지 않은 것'은 경쟁 상대가 없는 독무대를 뜻합니다. 힘이 없어도 살아남을 수 있다는 것을 무의식중에 알고 있었겠지요. '아무도 하지 않은 일'을 함으로써 하나의 역할을 맡아 주변과 슬기롭게 조화될 수 있습니다.

66

"이것은 기회다!"

흔히 '위기는 기회'라고 합니다. 실수에 현명하게 대처하여 오히려 높이 평가받기도 하고, 실패나 실업, 실언을 계기로 새로운 삶의 방식을 발견하기도 합니다.

그러나 실제로는 나중에야 '그때의 위기가 기회였다'고 깨닫는 경우가 훨씬 많습니다. 위기의 한가운데 있을 때는 시야가 좁아져서 비관적으로밖에 보지 못하므로 기회를 알아채기 힘듭니다.

"이것은 기회다!"라고 습관적으로 되뇌다 보면 눈앞의 기회를 낚아챌 수 있습니다. 이 말은 부정적으로 보이던 상황을 긍정적으로 해석하는 스위치가 되어줍니다.

가령 프로젝트의 리더 역할을 제안받고 실패가 겁나서 도망치고 싶어질 수도 있겠지요.

그럴 때 "잠깐, 이건 기회야!"라고 말하는 버릇이 있으면 시각이 달라집니다. '이 기회에 성장할 수 있을지도', '동료들과 돈독한 신뢰 관계가 쌓일지도', '한 단계 위로 올라갈 기회일지도'처럼 한 걸음 물러나 더 넓게 보며 다양한 전개를 고려할 수 있습니다.

코로나 시기에 전과 달라진 업무 환경에 한탄하는 것이 아니라 "이건 기회다!"라고 인식하면 업무방식을 바꿔볼 기회, 가족과 시간을 가질 기회, 집을 대청소할 기회 등 다양한 기회를 발견하게 됩니다.

시야가 넓어지면 마음이 가벼워지며 상상력과 행동력이 현저히 향상됩니다.

"이것은 기회!"를 말버릇으로 삼으면 상황이 녹록지 않을수록 자신이 성장하고 성숙할 기회임을 깨닫게 됩니다.

궁지에 몰렸을 때가 성장의 분기점이라는 사실을 기억하고 초조해하지 않고 주눅 들지 않고 포기하지 않고 담담하게 앞으로 나아가기를 바랍니다.

67

"사소한 일일수록
정성껏"

시간에 쫓기거나 몸이 지치면 업무의 질이 떨어질 때가 있지요. 그럴 때마다 "사소한 일일수록 정성껏"이라는 말을 되뇝니다.

이 말은 제가 존경하는 사장님의 말버릇이기도 합니다. 모든 업무는 사소한 작업들로 이루어져 있습니다. 작업 하나하나를 꼼꼼하고 정성스럽게 하는 사람은 그것만으로도 신뢰를 받습니다.

새로운 업무, 난도가 높은 업무는 잘하지 못해도 '어쩔 수 없다'고 생각하지만 매일 하는 사소한 일에서 실수가 나오면 '그렇게 기본적인 것을'이라며 주변에서 실망할 뿐만 아니라 스스로도 자책하게 됩니다.

사소한 연락, 사소한 확인 등 작은 일에서 비롯된 문제가 걷잡을 수 없이 커지는 경우가 많습니다.

어떤 분야든 일을 정성 들여 꼼꼼하게 하는 사람이 남에게 감동을 줄 수 있습니다. 꼼꼼하게 생선을 손질하는 요리사, 클레임에 성의를 다해 대응하는 접객, 세세한 부분까지 신경 쓰는 목수, 환자의 얼굴을 보며 정성껏 설명하는 의사 등 '그렇게까지 해주다니' 하고 세심한 일 처리에 마음이 저절로 움직입니다.

정성스럽고 꼼꼼한 일 처리는 자기 일에 대한 애정이자 열의입니다.

일에 의욕이 나지 않을 때도 "사소한 일일수록 정성껏"을 구호로 일을 시작해보세요. 일에 마음이 담깁니다. 메일에 회신할 때, 부탁받은 자료를 보낼 때, 서류를 작성할 때 등 사소한 작업도 정성을 들여 꼼꼼하게 해나가다 보면 어느새 마음이 긍정적으로 바뀝니다.

다만, 너무 완벽히 하려 하면 지칩니다. 아무리 시간을 들여도 일이 끝나지 않는다고 호소하는 사람도 있겠지요.

그런 사람은 업무 속도를 높이는 것보다 '쓸데없는 일, 쓸데없는 생각을 없애서 업무 효율을 높이는 것'이 선결과제입니다. 우선순위를 파악해서 업무 순서를 정하고 불필요한 생각은 내려놓고 업무에 바로 착수한다면 "사소한 일일수록 정성껏" 임하는 환경이 만들어질 테지요.

6장

감정에
휘둘리지 않고
'지금'을
소중히 하는 말버릇

68

"시간은 만드는 것"
"시간은 있다"

일 잘하고 잘 놀러 다니고 뭘 배우기에도 열심인 사
람은 "시간이 없다", "바쁘다"고 하지 않습니다.

옆에서 보기에는 '저 사람은 일도 바쁠 텐데 자주 캠핑 가네', '육
아하면서 공부할 시간이 있네'라고 감탄할 정도로 어떻게든 시간
을 만들어서 도전하고 성장해나갑니다. 그런 사람이 자주 입에 담
는 말이 "시간은 만드는 것"입니다. 현대사회에서 누구나 무언가
의 이유로 바쁜 것이 기본 전제이고 잘만 사용하면 시간은 만들
수 있다고, 하고 싶은 일을 하지 못하는 건 시간 관리 능력이 없기

때문이라고 생각하는 것입니다.

반대로 "시간이 없다", "바쁘다"고 습관처럼 말하는 사람을 보면 늦게까지 동영상을 보고 SNS를 기웃대거나 낮에 비효율적으로 일하는 사람이 많습니다. 정말 시간이 없는 것이 아니라 "바쁘다"는 말로 행동하지 않는 자신을 변명할 뿐입니다.

실제로 시간은 있는데 "시간이 없다"고 말하다 보면 뇌가 착각해서 초조해지며 무엇을 해야 할지 혼란스러워집니다.

저도 원고 마감 하루 전, 하루밖에 안 남았다고 초조해질 때 "아니야, 아직 할 수 있어"라고 자신에게 말해줍니다. 여러 번 되뇌는 사이 마음이 차분해지면서 지금 할 일이 확실히 보이기 시작합니다. "시간은 있다", "시간은 만드는 것"이라고 말하며 뇌에 입력해주세요. 그러면 무의식 컴퓨터는 '오늘 하루를 어떻게 사용할까?' '○○ 하기 위해서는 무엇을 해야 할까?' 주어진 인생의 시간을 어떻게 활용할지 그 방법을 모색합니다. 하고 싶은 일을 하며 꿈에 가까워지는 방법을 찾습니다.

"시간은 만드는 것"이라는 말로 인생의 시간을 유용하게 활용해보세요.

69

"이것은
시간 도둑이다"

시간 활용에 서툰 사람이 자주 하는 말이 "무심코", "나도 모르게"입니다. "어제 인터넷으로 나도 모르게 예전 드라마를 마지막 회까지 봤다", "어쩌다 보니 술집을 3차까지 갔다", "나도 모르게 게임을 하다가 밤을 샜다"라는 식이지요.

"어쩌다 보니 ○○해버렸네"라는 말에는 '좋지 않은 일'이라는 자각이 깔려 있습니다.

늘 시간이 없다고 말하는 사람 '시간 빈곤자'와 '경제적 빈곤자'는 사고방식이 매우 비슷합니다. 주변에 쉽게 휩쓸려 쓸데없이 시간(돈)을 낭비하기에 늘 "부족하다"고 말하는 것이지요.

오늘날에는 텔레비전, 인터넷 동영상, SNS, 게임, 쇼핑, 놀이, 인간관계 등 시간을 빼앗아가는 콘텐츠가 널려 있습니다. 필요할 때 필요한 만큼만 접하면 아무 문제 없겠지만, 무심코 반응하며 개미지옥처럼 빨려 들어가는 사이에 인생의 귀중한 시간을 잃기 쉽습니다.

"무심코"를 방지하려면 "이것은 시간 도둑이다"라고 말하며 시간을 빼앗는 대상을 인지할 필요가 있습니다. '시간 도둑'은 다정하고 달콤합니다. 가슴을 설레게 하고 정신없이 몰두하게 만드는 쾌감도 있습니다. 그때는 자신이 환경에 휩쓸리고 있다는 사실을 깨닫기 어려우므로 "시간 도둑"이라는 말버릇으로 퍼뜩 정신을 차려 유혹 거리에서 멀어지는 습관을 만드는 것입니다.

시간 도둑에 틈을 주지 않기 위해서는 "읽고 싶었던 책을 10시부터 읽어야지", "3개월 후 있을 시험을 준비해야지"라고 계획을 세우고 목적의식을 가지는 방법도 유효합니다.

다만, 의지력에 너무 의존하기보다는 밤 10시 이후에는 휴대전화를 멀리 두고 유혹이 많은 장소에 가지 않는 등 '시간 도둑'과 거리를 두는 환경과 시스템을 만들 필요도 있습니다. 시간의 주인이 되어 자기가 진정 만족할 시간 활용법을 찾아보세요.

70

"귀찮네. 지금 해야겠다"
"내일도 내 일. 그냥 지금 하자!"

무슨 일이든 좀처럼 행동으로 옮기지 못하고 나중으로 미루는 사람이 있는가 하면 어떤 일이든 발걸음 가볍게 바로 움직이는 사람도 있지요.

미루는 습관이 있는 사람은 스스로 '귀찮아하는 사람'이라는 자각이 있습니다. 전화 회신하기, 설거지, 목욕, 서류 작성 등 사소한 작업에도 '귀찮다', '꼭 지금 해야 하나?', '하기 싫다'라고 갈등합니다. 그 결과 "나중에 하지 뭐", "조만간", "내일"이라며 미루게 됩니다.

반면에, 결정하면 곧장 행동으로 옮기는 사람도 있습니다. 퇴근 시간이 되면 곧장 퇴근하듯 아침에도 알림이 울리면 바로 일어납니다. 생각할 틈을 두지 않고 바로 행동하는 것입니다.

그런 사람은 "지금", "바로", "오늘"이라는 말을 즐겨 씁니다.

미루는 습관이 있는 사람은 목적을 달성해가는 과정의 어려움에 초점이 맞춰져 있어 움직임을 주저하게 되지만 바로 행동하는 습관이 있는 사람은 '빨리 끝내고 싶다', '완료하면 기분이 좋을 것이다' 등 성취에서 비롯되는 쾌감에 초점이 맞춰져 있습니다.

저도 미루는 버릇이 무척 심각한 수준이었습니다. '귀찮네. 나중에 해야지'라는 말이 나올 것 같으면 의식적으로 "귀찮네. 지금 해야지"라고 바꿔 말합니다.

귀찮은 일일수록 얼른 해치워야 스트레스가 하나 줄어듭니다. 과제를 하나씩 해결해감으로써 머릿속이 개운해져서 집중력도 올라갑니다.

"내일 하는 건 바보"가 좌우명이라는 고교 야구 인기 투수처럼 바로 움직이는 습관을 들이면 시간이 지날수록 역량이 자라며 자신감이 붙습니다.

미루는 습관이 있다면 "내일도 내 일. 그냥 지금 하자!"고 자신을 다그쳐 볼 필요가 있을지도 모릅니다.

71

"지금은
○○만 한다"

압도적인 능력을 자랑하는 운동선수나 연구자는
종종 이런 말을 합니다.

"나도 연습(공부)을 좋아하지는 않는다. 다만, 목표(과제)를 달성
해가는 것이 재미있다."

한 가지 목적지에서 눈을 떼지 않으므로 그곳에 도달할 때까지
에너지를 유지할 수 있겠지요. 자신에게 진정 가치 있는 것이 무
엇인지, 인생의 우선순위가 분명하기에 가장 소중한 것에 가장 많
은 시간을 들이는 것입니다.

목적지까지 도달하는 방법이 다음 한마디에 집약되어 있습니다. "나는 천재가 아니다. 그저 다른 사람보다 오래 한 가지 일에 집중할 뿐이다."

한 가지에 몰두하기 위해서는 '얼마나 그것에 파고드느냐'보다 '얼마나 다른 것에 신경을 빼앗기지 않느냐'가 관건입니다. '이거다!'라고 생각하는 것 외의 것들을 얼마나 잘라내는지가 능력의 차이와 결과의 차이를 만들어냅니다.

저도 기본적으로 이것저것 다 하는 어중간한 사람입니다. 특히 이삼십대 때는 일도 놀이도 다양하게 해보고 싶었습니다.

그런데 어느 날 '한 가지라도 스스로 자랑스러운 부분이 있으면 좋겠다'는 생각이 들었고 일정 목표를 달성할 때까지 글 쓰는 일에만 집중하고자 결심했습니다.

그때의 말버릇이 "지금은 글 쓰는 것만 하자"였습니다. '지금은 이것만 한다'는 이미지를 가지면 다른 것에 흔들리지 않게 됩니다. 포인트는 '지금은'입니다. '이번 주는 이 일만 한다', '오늘은 청소만 한다', '오후에는 공부만 한다'라고 시간을 지정하여 완료하는 것이 스트레스 없이 목표를 달성하는 요령입니다.

한 가지 한 가지 해나가다 보면 어느샌가 자기 안에 든든한 힘이 쌓여있을 것입니다.

72

"지금 여기"
"시간은 유한하다"

시간이란 우리의 생명 그 자체, 자연의 섭리 그 자체입니다. 그러나 하루 24시간, 모든 이에게 평등하게 주어지는 시간은 우리 삶에 너무 당연하듯 존재해서 일부러 의식하지 않으면 자칫 소홀히 다루게 됩니다.

시간의 소중함을 인식하기 위해서는 다음 두 가지 말이 효과적입니다.

"지금 여기(에 의식을 집중한다)."

"시간은 유한하다."

아프거나 나이가 들어 "예전에는 할 수 있던 일인데"라며 한탄하거나 "앞으로 어떻게 될까" 막연히 불안해하는 것은 마음이 과거와 미래에 사로잡혀 있다는 뜻입니다. 다른 사람이 한 말을 신경 쓰고 계속 남을 탓하는 것도 같은 맥락이지요.

"지금 여기"라고 말하며 의식을 '현재'에 집중하면 지금 자신이 할 수 있는 일에 최선을 다하는 것, 맛있는 음식을 먹는 것, 웃는 것, 우는 것, 좋아하는 일에 몰두하는 것 등 지금 이 순간을 살아가는 데 전념할 수 있습니다.

어린아이가 훌륭한 본보기가 됩니다. 눈앞에 있는 것에 열중하며 마음껏 울고 웃습니다. 지금을 살아가는 힘이 있어야 자신의 시간과 생명을 온전히 누릴 수 있습니다.

또한 '시간은 유한하다'는 점도 잊어서는 안 됩니다. '인생이라는 시간에는 끝이 있다', '이 순간을 만끽할 수 있는 건 지금뿐'이라는 전제를 명심하고 살아가다 보면 이것저것 고민하거나 경쟁하며 다투고 남에게 휘둘릴 틈이 없다는 사실을 깨닫습니다. 자신에게 정말 소중한 것에, 나 자신으로 살아가는 데 시간을 사용하고 싶어집니다.

부디 "지금 여기", "시간은 유한하다"고 자신에게 말해주세요. 지금 이 순간과 마주하며 진정 소중한 것을 되찾기 바랍니다.

73

"무엇을 위해?"
"누구를 위해?"

한 친구는 지진이 일어났을 때 자원봉사를 하러 달려가고 싶었지만 직장 때문에 단념할 수밖에 없자 "오전은 내 생활을 위해 일하고, 오후는 재난 피해자를 위해 일하자"고 결심하고 연봉의 반을 기부했습니다.

그것이 계기가 되어 회사에 다니면서도 주말에는 특기인 요리 실력을 살려 모금 활동을 하는 식당을 열었습니다.

'무엇을 위해', '누구를 위해'라는 명확한 목적의식을 가지면 강렬한 동기가 부여되어 인생의 길이 보입니다.

일하는 의미나 살아가는 의미 따위와 상관없이 하루하루 즐겁게 지내면 된다고 생각하는 사람도 있겠지요.

저 역시 20대 때는 그랬습니다. 그러나 '나는 ~을 위해 일한다', '~를 위해 공부한다'라는 목표가 없으면 좌절하거나 흔들리며 방황하는 일이 많아집니다.

'직장에서 아무리 힘든 일이 있어도 가족과 웃는 얼굴로 생활하기 위해서', '퇴근 후 맛있는 맥주 한잔을 마시기 위해', '경력을 쌓고 싶어서' 등 어떤 목표라도 자기 안에 새겨두면 일에 대한 각오가 달라지고 일을 즐기는 여유까지 생겨납니다.

특히 '손님을 기쁘게 해주고 싶어서', '형편이 어려운 사람을 돕고 싶어서', '가족의 웃는 얼굴을 위해' 등 누구를 위한 행동인지 이미지를 명확하게 그릴 때 '일의 보람'을 찾기가 쉬워집니다. 인간은 남을 위한 일을 할 때 더욱 힘을 낼 수 있는 존재니까요.

"무엇을 위해?" "누구를 위해?"라고 자신에게 묻는 습관을 기르면 일, 놀이, 공부, 생활 장소, 저축, 쇼핑 등 온갖 선택에서 목표 의식이 명쾌한 기준이 되어줍니다.

인생의 유한한 시간을 다른 누군가의 행복을 위해 사용해 보는 것도 참 좋겠지요.

74

"어떤 경험에서든
배우는 게 있다"

한 대학생에게 이런 질문을 받은 적이 있습니다.

"모든 경험에서 배우게 되니 최대한 여러 경험을 해보라는 이야기를 듣는데 저는 다르게 생각합니다. 도박, 마약, 재난, 전쟁 등 경험하지 않아도 되는 일도 있잖아요. 어른들이 모든 경험에서 배운다고 하는 건 과거에 대한 정당화가 아닌가요?"

피해야 할 경험이 있는 것도 사실입니다. 심각한 재해나 범죄 행위 등은 "경험하길 잘했다"고 말하기 어렵겠지요.

그러나 '경험'이라는 것은 '좋다, 나쁘다' 이분법으로 평가할 수 있는 것이 아니라 그저 '경험했다'는 사실이자 자신의 역사를 말합니다.

모든 일이 '좋은 경험'이 될 수는 없는 그 일에서 무언가를 깨닫고 무언가를 배우게 되었다면 어떤 경험이든 '의미'가 있습니다. 그것이 삶에 양분이 되어 살아가는 힘이 되고, 누군가를 돕는 에너지가 될 수도 있겠지요.

"어떤 경험에서든 배우는 게 있다"는 제가 존경하는 칠십대 작가의 말버릇이기도 합니다.

칠십대에 사교댄스, 다이빙, 인스타 라이브까지 뭐든지 '경험'으로 받아들이며 도전합니다. 실패하거나 사기를 당했을 때조차 "모든 경험에서 배우지"라면서 금방 웃으며 다시 일어섭니다.

"어떤 경험에서든 배우는 게 있다"는 말을 습관으로 만들면 자기 안에 힘이 생깁니다. 도전하며 인생을 즐길 수 있게 용기를 북돋아 주는 말버릇입니다.

인생은 경험과 배움의 집대성입니다. 풍부한 경험을 통해 성장해나갑니다. 미숙해서 실수한 경험, 타인과 만나고 헤어지는 경험, 고독한 경험, 나이를 먹어가는 경험, 어떤 경험이든 살아있기에 맛볼 수 있는 귀하고 소중한 것입니다.

75

"일이 잘 풀릴 때일수록 조심하자"
"일이 잘 안 풀릴 때일수록
낙관적으로!"

회사를 그만두고 프리랜서가 되어 경제적·정신적으로 기복이 극심하던 시기 "일이 잘 풀릴 때일수록 조심하자", "일이 잘 안 풀릴 때일수록 낙관적으로!"를 말버릇으로 삼았습니다.

방심하지 않도록, 반대로 너무 자신을 몰아세워 침울해지지 않도록 '적당한 긴장감'으로 평정심을 유지하고 담담하게 상황을 헤쳐나가기 위해서입니다.

물론 좋은 일이 있거나 결과가 좋을 때는 마음껏 기뻐하고 싶습니다. 그러나 그럴 때일수록 자기 능력을 과신하여 노력을 게을리하거나 감사와 겸허를 잊고 실언할 위험도 큽니다.

스포츠에서 다치기 쉬운 것도, 운전에서 사고를 내기 쉬운 것도 아예 초심자보다는 약간 익숙해졌을 때가 많다고 합니다. 긴장이 풀어져서 '나는 괜찮다'고 생각했을 때 사고를 만나기 쉽습니다.

순조로운 상황일수록 "위험할 수도 있다. 무언가 있을지도 모른다"라며 조금 신중해질 필요가 있습니다.

반대로 일이 생각대로 풀리지 않을 때는 초조해져서 감정적으로 판단하는 치명적 실수를 하기 쉽습니다. 계속 나아가다 보면 빛을 볼 수 있는데도 중간에 포기하고 맙니다.

힘든 시기를 어떻게 보내는가에 따라 인간적 '역량'이 길러집니다. "조만간 잘 될 거야" 하고 긍정적으로 마음먹고 주눅 들지 않는 자세가 중요합니다.

"낙은 고생의 씨앗, 고생은 낙의 씨앗"이라는 말도 있습니다. 편안하게 지내면 나중에 고생하고 지금 고생하면 곧 낙이 온다는 의미입니다. 세상일은 변화무쌍하기에 좋은 일만 있지도 않고 나쁜 일만 이어지지도 않습니다.

끊임없는 변화 속에서 늘 평상심으로 유지할 수 있게 도와주는 말버릇을 가져보세요. 10년 후, 20년 후 꿈에 가까워진 자기 모습을 보며 말의 힘과 평정심의 힘을 실감하게 될 테니까요.

76

"어찌 될지 모르니까 설레는 것"
"인생은 앞일을 알 수 없어
재미있는 것"

젊은 층부터 노년층까지 '지금 일을 계속할 수 있을 지 불안하다', '결혼할 수 있을지 불안하다', '노후에 경제적으로 곤란해질까 봐 불안하다'라며 저마다 다른 불안을 안고 삽니다.

그런데 그런 생각이 들더라도 불안을 입 밖으로 꺼내지 않도록 주의해야 합니다. '불안'이라는 키워드가 뇌에 입력되면 무의식 컴퓨터가 인생의 줄거리를 비극의 드라마로 바꿔버려서 현실도 줄거리에 맞게 펼쳐집니다.

불안해질 때는 "인생은 앞을 알 수 없어서 재밌는 것"이라고 말해보세요.

여러 가지에 도전하며 인생을 즐기는 사람이 즐겨 쓰는 말입니다. "지금은 비정규직이지만 나중에 엄청난 대역전극이 펼쳐질지도 모르지", "50대, 60대에 근사한 인연을 만나 결혼할지도 몰라", "노후에는 해외에서 일하지 않고 편안하게 살 수 있지 않을까"라는 식으로 "앞날을 알 수 없으니 인생이 재미있는 것"이라고 자신에게 말해주세요. '재미있다'는 키워드를 입에 담으면 불확실한 미래에 대해 즐겁고 유쾌한 상상이 피어납니다.

상상의 나래를 펼치다 보면 극적인 가능성을 발견하고 현실로 실현하게 될 수도 있습니다. 결말을 모르고 보는 영화나 드라마처럼 두근두근 설레면서 인생을 즐기는 자세가 몸에 뱁니다. 영화든 소설이든 인생이든 결말을 알아버리면 김이 새겠지요.

완전히 '무계획' 전략으로 인생을 수동적으로 살라는 뜻이 아닙니다. 어느 정도 자기 나름대로 줄거리를 구상하고 자신이 할 수 있는 일에 최선을 다하면서 다른 출연자나 무대 환경 등 외부의 다양한 요소가 얽혀 생각지 못한 전개가 펼쳐질 수 있다는 가능성을 염두에 두는 것입니다. 그런 순간에 나오는 재치 넘치는 애드리브가 인생의 드라마를 한층 유쾌하게 만든다고 믿는 것입니다.

막연한 불안감이 밀려올 때는 현실적인 대처에 집중하며 다가올 미래를 즐겁게 기대해보세요.

10년 후는커녕 1년 후도 알 수 없으니 인생이 재밌는 것입니다. 미래를 불안해하기보다 기대하며 현실을 충실하게 살아보는 건 어떨까요?

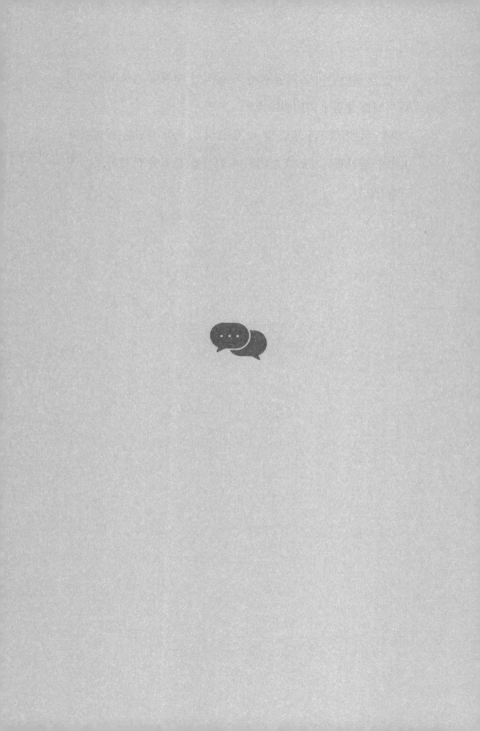

7장

나를
나답게 만드는
말버릇

77

"이거면 됐다!"
"이거 좋네!"

인기 애니메이션 <천재 바카본>에서 바카본의 아버지는 모든 일에 "이거면 됐다!"라고 말합니다.

바카본의 아버지는 엄청나게 자유로운 사람으로 온갖 것에 돌진하는데 가족들은 화내며 당황스러워하다가도 아버지가 "이거면 됐다!"라고 말하면 어느새 '이걸로 괜찮다', '이걸로 충분하다'고 생각하게 되어 늘 마지막에는 다 같이 웃으며 끝납니다.

저는 예전부터 이 캐릭터를 매우 좋아했습니다. 엉망진창인 것을 "이거면 됐다!"고 씩씩하게 단언하는 대담함에 동경하여 그 말버릇을 줄곧 따라 했습니다.

제가 "이거면 됐다!"고 말하는 경우는 대부분 '좋지 않은 상황'입니다.

일이 잘 안 풀릴 때, 쇼핑에서 실패했을 때, 불쾌한 말을 들었을 때, 실연했을 때, 용서할 수 없는 사람이 있을 때, 울면서든 화내면서든 "이거면 됐다"고 중얼거리다 보면 신기하게도 마음이 가벼워집니다. 당장은 현실을 받아들이기 어려워도 기분이 말을 따라가 정말 '됐다'고 생각하게 되어 앞으로 나아갈 순간이 찾아옵니다.

자신을 괴롭히는 건 대부분 자기 욕심이 멋대로 지어낸 이야기에서 비롯됩니다. 그 이야기와 현실의 차이 때문에 괴로워지는 것이지요. 현실을 인정하면 집착에서 해방되어 마음이 편안해집니다. 생, 노, 병, 사에 대한 집착을 내려놓음으로써 절대적인 행복을 얻는 부처의 깨달음과 같습니다.

끙끙대면서 고민될 때, 후회될 때 "이거면 됐다!"고 말하면서 뇌에 입력하면 자신과 상대방, 지금의 상황 등 모든 현실을 있는 그대로 받아들일 수 있습니다. 마음이 편안해지기에 다음 단계로 나아갈 의욕도 생깁니다.

어떤 상황에서든 "이거면 됐다"고 인정하는 말버릇을 가지면,

'이래야 한다'고 자신이 정해놓은 모습이 아니더라도 자신에게 절대적인 애정과 신뢰를 느끼게 됩니다. 지금 바로 상황을 전부 받아들기는 힘들어도 "이거면 됐다"는 말은 지금의 괴로움을 덜어주어 진정한 자신의 모습으로 돌아가게 도와줄 테지요.

78

"(나는)
이럴 리 없다"

앞서 이상(욕심과 집착)과 현실의 차이가 괴로움을 낳으므로 현실을 있는 그대로 받아들임으로써 행복을 얻는 불교의 가르침에 대해 이야기했습니다.

그런데 사실 이상과 현실의 틈새를 메꾸는 방법이 하나 더 있습니다. 욕망을 만족시키기 위해 현실을 바꾸는 것입니다.

현실이 이상에 가까워지도록 현실을 바꿔나가는 것이지요. 인간은 좀처럼 욕심을 내려놓기 힘든 존재이기에 이런 욕심을 '행복해져야지', '더 잘살아 봐야지'라고 결심하는 계기로 활용하는 것입니다.

채워지지 않은 욕심이 현실을 바꿔나가는 강력한 계기가 되기도 합니다.

노력했으나 만족스러운 결과를 얻지 못했거나 인정받지 못할 때는 아무래도 기운이 빠지고 주저앉고 싶어집니다.

그럴 때 제가 되뇌는 말이 "(나는) 이럴 리 없다"입니다. "뭔가 이상하다. 이토록 애쓰니 이제 빛을 볼 때가 됐는데 이럴 리 없다"라고 한심한 현실을 부정합니다.

자신감을 잃고 '내 실력이 이것밖에 안 되나' 하고 포기하고 싶어지는 순간마다 "아니, 이럴 리 없어"라고 자신에게 말합니다.

마흔 넘어 책을 쓸 기회가 온 것도 20년 동안 채워지지 않은 욕망이 현실을 단번에 움직이게 만든 것이리라 믿습니다.

인간이기에 '납득할 수 없는 일', '이럴 수는 없다'고 생각하는 마음도 있겠지요.

그런 마음을 인정하는 것도 중요합니다. 자신이 바꿀 수 있는 일에 에너지를 쏟으며 현실을 바꿔나가는 것입니다.

지금 납득하기 어려운 일이 있다면 '나 자신에게 기대하고 있다'는 증거이자 크게 도약할 기회라고 인식하기 바랍니다. "이럴 리 없어"라는 말로 자신을 북돋우며 인생의 꽃을 피워보세요.

79

"어쩔 수 없지"
"뭐 어때"

직장에서 해고된 친구가 웃으며 이런 말을 했습니다.

"회사에 내가 필요 없다니 어쩔 수 없지. 하고 싶은 말은 있지만 이래저래 말해 봐야 별수 없잖아. 다음 단계로 넘어가야지!"

"어쩔 수 없다"는 꽤 든든한 말입니다.

"어쩔 수 없다"는 자신은 어찌할 도리가 없는 일, 손 쓸 방법이 없다는 의미입니다.

"저 사람은 저런 사람이니 어쩔 수 없다", "결과가 안 좋게 나온 건 어쩔 수 없다", "지금 상태가 이런 건 어쩔 수 없다"라는 식으로

"어쩔 수 없다"고 말함으로써 현실이 명확하게 인식되며 다음 단계로 나아가야겠다는 생각이 듭니다.

자신이 바꿀 수 없는 일을 '어떻게 해야 하나' 고민하거나 '어째서 이런 거야?' 하고 원인을 추궁하면서 집착하기에 고민하는 것입니다.

"어쩔 수 없다"는 고민 스위치를 끄는 말버릇을 가지면 현실적으로 해결하는 데 눈을 돌리게 됩니다. 다만, 방법을 찾으면 가능한 일에도 "어쩔 수 없다"를 연발하면 그저 무기력한 사람이 되니 주의해야겠지요.

현실을 낙천적으로 인식하는 데는 "뭐 어때"도 유효합니다. 화가 나서 자신이나 남을 비난하고 싶어질 때 "이제 괜찮아"라고 말하며 흘려넘겨보세요.

'짜증 내면 안 돼', '부정적으로 생각하면 안 돼'라고 생각하지 말고 분노와 슬픔을 있는 그대로 인정하면서 "뭐 어때"라는 말로 흘려넘기다 보면 마음에 다부진 근육이 붙어 평온함을 유지하게 됩니다.

말버릇으로 만들어 자신에게 반복적으로 들려주면 불필요한 고민이 극적으로 줄어들어 더욱 가치 있는 일 즉, 지금을 즐기는 데 전념하게 됩니다.

80

"고민은 유령 같은 것"
"고민할 여유는 없다"

인간관계로 몹시 고민하고 있을 때 한 친구가 이런
말을 해주었습니다. "고민은 유령 같은 것이라 실체가 없다."

싫어하는 사람 때문에 고민해봤자 그 사람이 실제로 자신에게
상처 주는 것이 아니라 유령처럼 스스로 만들어낸 '망상'이 자신
을 괴롭힐 뿐이라는 뜻입니다. 무거운 책임에 따른 부담감, 장래
에 대한 불안, 고독, 자괴감 등도 자신이 만들어낸 유령입니다.

저는 스트레스가 되는 고민거리를 '유령 스트레스', 약칭 '유령
씨'라 부릅니다. '유령 씨가 왔군', '오늘 유령 씨는 100킬로그램 정

도네'라고 말합니다. 엉뚱해 보이지만 지금 자신이 망상에 사로잡혀 있음을 인식하는 데 매우 효과적입니다. 객관적으로 마음 상태를 파악하여 초조함을 덜어낼 수 있습니다.

제게 조언해준 친구는 혼자 딸 둘을 키우는 싱글맘인데 이혼 당시 할머니에게 일과 육아에 대한 고민을 한탄했더니 위로나 격려 대신 "고민한다는 건 한가하다는 증거다. 그럴 새가 있으면 일을 해라"라는 말을 들었다고 합니다.

오롯이 현재에 몰두해서 살아가는 사람은 불평하지 않습니다. 제 친구는 그 뒤로 "고민할 새가 없다"를 말버릇으로 삼고 마음이 답답할 때는 A4 용지에 속상한 일, 고민거리 등을 한바탕 적은 다음 쫙쫙 찢어서 스트레스를 해소한다고 합니다.

유령 스트레스는 언어화하기만 해도 반은 사라집니다. 문제를 명확하게 인식하면 무의식 컴퓨터가 우리가 모르는 새 현실의 문제를 해결하려고 방법을 모색하기 때문입니다.

또, '유령 씨'는 외로움을 타고 겁도 많아서 '고민은 없다'고 모른 척하거나 '고민하면 안 돼'라고 몰아세우면 난폭해집니다. 자신의 고민, 솔직한 속내를 우선 인정하고서 지금 할 수 있는 일에 전념하세요. 몸을 움직이고 좋아하는 일에 열중하는 것, 다른 사람과 대화를 나누는 것도 '유령 씨'를 슬기롭게 대하는 방법입니다.

81

"허둥대지 마, 허둥대지 마"
"잠깐 쉬었다 가자"

"허둥대지 마. 허둥대지 마"는 인기 애니메이션 <잇큐 씨一休さん>에서 자주 나온 말로, 돌아가신 아버지의 말버릇이기도 했습니다.

아버지는 어마어마하게 태평한 성격으로 자주 어머니와 저를 초조하게 만들었습니다. 함께 외출할 때 시간이 없는 데도 "허둥대지 마. 허둥대지 마"라며 느긋하게 준비하던 분이었습니다.

지금 생각해보면, 단순히 느긋한 성격 때문이 아니라 덜렁거리는 저와 어머니를 진정시키려고 했던 게 아닌가 싶습니다. "허둥대지 마, 허둥대지 마"라고 말하며 스스로도 평정심과 냉정함을 유지하려던 것이겠지요.

저는 마음이 조급해질 때 "허둥대지 마, 허둥대지 마"라고 말하며 일부러 천천히 움직입니다. 머리가 복잡할 때는 "잠깐 쉬었다 가자"고 소리 내어 말하고 심호흡을 합니다. 일단 그 자리에서 벗어나 하늘을 올려다봅니다. 예전에 아버지가 그러셨던 것처럼요.

일본어로 '허둥대다慌てる'는 '흐트러지다慌'라는 뜻의 한자를 씁니다. 흐트러진 마음을 바로잡기는 어려워도 입에 담는 말을 바꾸기는 쉽습니다. 마음이 조급해질 때는 장소를 옮기는 것도 기분을 바꾸는 데 도움이 됩니다.

마음이 흐트러지고 호흡이 얕아진 상태에서는 무언가에 온전히 집중할 수가 없습니다. 실언하거나 물건을 잃어버리고 실수하기 쉽기에 더욱 초조해지는 악순환이 만들어집니다. 한해 한해 나이를 먹으면서 마음의 평온을 유지하는 것이 일상생활에서 얼마나 중요한지 절절히 실감하고 있습니다.

애니메이션 속 잇큐 씨는 문제가 생겨도 "허둥대지 마, 허둥대지 마"라며 잠깐 명상을 한 뒤 기지를 발휘해 엉뚱하고 시원하게 문제를 해결합니다. 마음이 평온해야 머리가 맑아져서 아이디어도 떠오르고 행복을 발견하기도 쉬워집니다.

그러고 보니 아버지는 일상의 사소한 일에도 감동하는 사람이 었습니다. 예전에는 그런 아버지를 싱거운 사람이라고 생각했는 데 지금은 그 모습을 닮고 싶습니다.

마음이 평온한 사람은 자신을 행복으로 채우고 주변까지 행복으로 물들입니다.

82

"이 정도로 끝나서 다행이야"
"목숨이 달린 문제는 아니야"

살다 보면 누구나 '위기'를 만납니다. 저 또한 강연 직전 주요 내용을 적어둔 메모를 잃어버렸다, 컴퓨터에 저장했던 원고가 지워졌다, 오해 때문에 회사 동료들에게 무시당했다, 주행 중 자동차 기름이 떨어졌다, 해외에서 사기를 당했다 등 크고 작은 위기의 순간을 수없이 만났습니다.

그 순간 '최악이네', '망했다', '다 망쳤다'라고 생각이 들어도 조건 반사처럼 "이 정도로 끝나서 다행이다" 하고 말합니다.

말의 위력이 얼마나 대단한지, 현실보다 더 가혹한 상황을 상정하면 점차 '이 정도는 어떻게든 해결할 수 있다'는 생각이 듭니다.

강연 메모를 잃어버렸을 때도 "메모만 잃어버려서 다행이다. 여기 제대로 왔고 준비하는 동안 주요 내용은 머리에 잘 정리해뒀으니 오늘 강연은 잘 할 수 있을 거야"라고 자신에게 말하다 보니 평정심을 찾게 되어 무사히 강연을 마칠 수 있었습니다.

자책하거나 초조해한들 아무것도 해결되지 않습니다. 오히려 다른 실수를 초래할 가능성만 커집니다. 위기 상황에서는 무엇보다 평정심을 찾고 냉정하게 대처할 필요가 있습니다.

코미디 영화를 보듯이 한 걸음 떨어져 상황을 바라보는 정도가 가장 적당합니다.

최악의 경우를 상상하며 현재 상황을 낙관적으로 받아들이는 방식을 저는 '비관적 낙관'이라고 부릅니다.

그리고 모든 상황에 적용되는 궁극의 한마디가 "목숨이 달린 문제는 아니야"입니다. 이렇게 생각하면 대부분의 사건, 사고, 질병이 대수롭지 않게 느껴집니다. 똑같은 상황에서도 태연한 사람이 있고 허둥대는 사람이 있듯이 상황에 어떤 색을 입힐지는 '나 자신'이 정하는 것입니다.

사방이 막힌 위기 상황에서는 "괜찮아. 잘 될 거야"라는 막연하고 느긋한 말은 별 도움이 되지 못합니다. 오히려 더욱 비관적인 상상을 통해 지금의 현실을 낙관적으로 받아들이는 편이 마음을 지키는 데 효과적입니다.

생각지 못한 위기를 맞닥뜨렸을 때는 '비관적 낙관'을 활용해보세요.

83

"지금 나는 성장하는 중"
"쉽지 않아서 재미있는 것"

여기저기 여행을 다녀 보니 자유여행은 '위기의 연속'이나 다름없습니다. 버스가 안 온다, 길을 잃는다, 묵을 호텔이 없다, 언어가 전혀 통하지 않는다, 돈을 인출할 수 없다 등 곤란한 상황을 마주할 때마다 기진맥진해집니다.

그럴 때마다 저는 "지금 나는 성장하는 중"이라고 되뇝니다. '곤란한 순간'이 아니라 '능력을 발휘할 순간'이고, '한 단계 성장하는 순간'이라고 생각하면 마음이 한결 가벼워지며 상황을 더 잘 헤쳐 나가게 됩니다.

가고 싶은 길을 가다 보면 힘든 순간을 만나는 것이 당연합니다. 곤란한 상황을 헤쳐감으로써 진지하게 현실을 마주하고 극복하는 기술이 몸에 익는 것입니다. 반대로 순탄한 길만 걷는다면 인생의 '필수 역량'을 익힐 기회가 없겠지요.

인생도 여행처럼 '다들 가니까 나도 가야지', '이쪽이 더 편한 길이니까'라면서 주변에 휩쓸려 가면 위기를 만나는 순간은 적어질지 몰라도 성장의 기회를 잃어버립니다.

게임을 할 때도 너무 쉬운 단계보다는 다소 어려워야 긴장감과 성취감이 생깁니다. 인생사도 마찬가지입니다. 너무 쉬운 일만 하거나 스트레스가 전혀 없는 환경에 있다 보면 언뜻 편해서 좋아 보여도 성장하지 않으므로 결국 지루해지며 불안해집니다. 인간은 어느 정도 어려움이 있어야 성취감을 느끼며 만족할 수 있습니다.

저는 '재미있어서'라며 어려운 길을 선택하는 사람을 존경합니다. 그런 사람일수록 지혜가 풍부하고 타인의 아픔에 공감하는 인간미를 갖추고 있기 마련입니다.

반대로, 어려움을 만나면 그 무게에 짓눌려 일어나지 못하는 사람도 있습니다. 위기를 딛고 도약할지, 무게에 짓눌릴지는 어려움을 '인식하는 방식'에 달렸습니다.

"나는 성장하는 중", "쉽지 않아서 재미있는 것"이라 말하며 지금은 성장하기 위해 어려움을 밟아나가고 있다고 생각해보면 어떨까요?

안이한 선택으로 도망치지 않고 어려움에 기꺼이 맞서겠다는 긍정적인 자세로 성장의 발판을 스스로 만들어 보세요.

84

"나는 즐거운 일만 해"
"나는 하고 싶은 일만 해"

일명 '인생 즐기기 달인'이자 엄청나게 친절한 대만인 친구가 있습니다. 제가 대만에서 이사할 때마다 생활용품을 모아다 주고 이사 파티를 열어줄 뿐만 아니라 일본에서 제 친구가 오면 직접 운전하며 가이드를 자처할 정도였습니다.

제가 "일도 바쁜데 힘들지 않아?"라며 미안해하면 장난기 가득한 얼굴로 "나는 즐거운 일밖에 안 해"라고 대답하는 친구입니다.

그 친구는 일, 놀이, 여행, 패션 뭐든 마음껏 즐기는 데는 달인이지만 뒷정리가 살짝 서투릅니다. 그래서 정리를 잘 하는 친구의 도움을 받고 마음이 내키지 않는 제의는 확실하게 거절합니다. 늘 솔직하게 '자기가 하고 싶은 일'을 선택합니다.

설레는 마음으로 대만에 도착하고 보니 해야 할 일투성이라 대만 생활을 전혀 즐기지 못하던 시기, 그 친구의 영향을 받아 "재미있는 일만 한다"를 말버릇으로 만들었습니다.

그러자 일, 공부, 인간관계 어떤 선택에서든 '즐거운지 아닌지'를 기준으로 삼아 '즐겁지 않은 일'은 거절하게 되었습니다. 이 일은 '돈이 된다', '이 공부는 나중에 도움이 된다'라는 말을 들어도 자신이 즐기지 못하면 집중이 되지 않아 결과가 좋지 않기 때문입니다.

무언가를 즐기는 방법은 크게 두 가지로 나뉩니다. 하나는 '즐겁다고 생각하는 일을 하는 것', 또 하나는 '지금 하는 일을 즐기는 것'입니다.

좋아서 시작한 공부라도 '하기 싫다!'고 생각하는 순간이 있기 마련이지요. 그럴 때는 우선 작은 일부터 꼼꼼하게 한다, 재미있는 도전이라고 생각한다, 다른 즐거움이나 보상과 세트로 묶는다, 함께할 동료를 만든다 등 '즐기는 방법'을 궁리할 수 있습니다.

물론 모든 것을 즐길 수는 없겠지만 하고 싶은 일이 있는데 의욕이 일지 않을 때는 "나는 즐거운 일만 해"라고 소리 내어 말해보면서 자신이 선택한 일에 다시 한번 각오를 다져보는 건 어떨까요?

85

"어떤 결과든 완벽할 테니까"
"순리대로 된다"

프리랜서로서 다음 일이 확실히 잡히지 않아 친구의 식사 초대에 망설이던 제게 친구가 웃으며 말했습니다.

"괜찮아. 어떤 결과든 완벽할 테니까."

식사 모임에 참가할 수 있든 없든 '그 나름대로 완벽한 일'이므로 걱정하지 않는다는 의미였습니다.

저는 친구의 유연하며 성숙한 답변에 안도하는 한편, 가슴에 깊은 울림을 느꼈습니다.

다가올 미래는 '내가 한 일의 결과'일 뿐입니다. 그 결과는 언제나 자연스럽고 오롯이 완벽할 수밖에 없습니다. 시험의 합격 여부, 연봉, 저축액, 가족의 형태, 만남과 이별 등 어떤 미래든 '전부 완벽한 것'입니다. 예상 밖의 상황·결과라도 자연스럽고 완벽하기에 받아들일 수밖에 없습니다.

저는 "전부 완벽하다"는 말을 좋아해서 자주 입에 담습니다.

"어떤 결과든 완벽할 테니까"라고 되뇌다 보면 '어떤 미래든 있는 그대로 받아들이자'는 생각이 듭니다. 지금의 내 환경, 능력, 성격 등 모든 것이 '내가 해온 것의 완벽한 결과'라고 생각하자 현실을 받아들이기가 훨씬 수월해졌습니다.

이 말버릇을 제게 알려준 친구도 지금이야 자비롭기 그지없지만 젊었을 때는 남편의 가정 폭력에 시달리다 아이를 혼자 키우게 된 후로 과로와 술·담배에 찌들어 몸과 마음이 몹시 거칠었던 시기가 있었습니다.

그 친구가 지금 '완벽한 행복'을 누리는 것은 자기 마음과 행동으로 얼마든지 행복해질 수 있다는 확신이 있었기 때문이겠지요.

이와 비슷한 맥락으로 "순리대로 된다"는 말도 저는 즐겨 씁니다. 세상일을 완전히 통제할 수는 없으므로 자연의 흐름에 몸을 맡기는 순간도 필요합니다. "순리대로 된다"고 가만히 읊조리다 보면 지금 할 수 있는 일에 최선을 다하자고 마음을 다잡게 됩니다.

86

"할 일을 하고 있으면
기적은 일어난다"

    첫 책을 낸 직후 '10년, 20년 후에도 책을 쓸 수 있다면 기적 같은 일이겠지'라고 생각했습니다. 여러 행운이 겹쳐 첫 번째 책이 나오긴 했지만 과연 꾸준히 작가로 활동할 수 있을까 자신이 없었습니다.

    그래서 제가 생각하는 '기적'을 일으킨 사람들 즉, 성공한 작가들과 그 담당 편집자를 만나 기적의 비밀을 알아보았습니다.

    성공한 작가들은 아무리 경력이 길어도 하루에 몇 시간 이상씩 책상 앞에서 정보수집을 게을리하지 않았습니다. 우쭐해지거나 방심하지 않고 그저 한결같이 계속 글을 쓴다는 공통점이 있었습니다.

유명한 사진작가 중 한 명은 업무 외 시간에도 무거운 카메라를 들고 다니며 끊임없이 셔터를 누릅니다. '기적의 한 장'이라 불리는 작품은 방대한 작업량과 갈고닦은 센스가 빚어내는 것이겠지요.

그런 '기적의 전문가'를 보고 얻은 교훈은 '자기 일에 몰두하고 있으면 기적은 알아서 일어난다'는 것입니다. 기적은 신의 변덕으로 일어나는 불가사의한 것이 아닙니다.

엄청난 시간 투자, 염원을 담은 열정, 겸허함과 성실함 등 다양한 요건이 겹쳐지며 '기적'이 만들어지는 것입니다.

복권을 사지 않는 사람은 복권에 당첨될 수 없듯이 할 일을 하지 않는 사람에게 기적은 일어나지 않습니다.

"할 일을 하고 있으면 기적은 일어난다"고 수없이 되뇐 덕분에 지금 저는 기적 안에서 살아갑니다. 힘든 순간에도 그 말버릇이 꿈을 포기하지 않고 스스로를 믿는 힘이 되어주었습니다.

기적 같은 꿈이라도 강하게 믿고 꾸준히 나아가다 보면 언젠가 도달할 가능성이 있습니다. 기적을 부르는 말버릇을 도전의 버팀목으로 삼아보세요.

87

"최고의 약은 웃는 얼굴"
"울고 싶을 때일수록 웃자"

자주 가는 병원에 늘 방긋거리며 씩씩하게 일하는 젊은 남성 간호사가 있습니다.

어른이나 아이 할 것 없이 모두에게 사랑받는 분위기 메이커 같은 존재여서 제가 "다들 ○○씨 웃는 얼굴에 기운을 얻네요"라고 하자 그는 이렇게 대답했습니다.

"어렸을 때부터 할머니께서 웃으면 복이 온다고 하셨어요. 아무래도 청소년기에는 반발심도 있었는데 지금은 할머니 말씀이 맞는 것 같아요."

'웃으면 복이 온다'는 말 그대로 웃는 얼굴의 효능을 제대로 실감하는 듯했습니다.

웃는 얼굴은 만국 공통이자 나이 성별을 불문하고 마음을 열고 사람과 사람 사이를 가깝게 만드는 열쇠입니다. 간단한 인사라도 무표정일 때는 눈을 맞추지 않고 무뚝뚝하게 말하기 쉽습니다.

그런데 웃으며 "안녕하세요!"라고 하면 자연스럽게 상대방의 얼굴을 보게 되고 목소리에도 활력이 담깁니다. 게다가 웃는 표정은 친근감을 느끼게 하므로 호감을 얻을 확률도 높아집니다.

웃음은 몸과 마음에도 긍정적인 영향을 미칩니다. 자연살해세포natural killer cell, NK cell를 활성화하여 면역력을 높인다, 뇌의 해마를 자극하여 기억력을 향상한다, 혈액순환을 개선한다, 긴장을 완화한다 등 웃음의 다양한 효과가 과학적으로도 증명되었습니다.

"웃는 얼굴이 최고의 약", "울고 싶을 때일수록 웃자"고 말하며 웃어보세요. 정말로 괴로울 때는 울기도 하고 약한 소리가 흘러나오더라도 그 순간이 지나면 다시 웃어야 인생을 살아갈 기운이 납니다. 의식해서 웃다 보면 머리를 복잡하게 만드는 생각들이 하나둘 사라지며 자신을 웃게 만드는 요령을 스스로 터득하게 됩니다.

행복해서 웃는 것이 아니라 웃으니까 행복해지는 것입니다.

웃는 것도 습관입니다. "웃는 얼굴이 최고의 약", "울고 싶을 때 일수록 웃자"라고 웃는 얼굴을 의식하는 말버릇을 만들면 웃는 것이 습관이 되어 일상이 한층 밝아지고 활기차집니다.

88
"웃긴다"
"웃음이 난다"

앞서 자주 웃는 사람은 행복해지기 쉽다고 했는데 여기서 한발 나아가 모든 일을 유머로 넘길 수 있으면 인생을 살아가기가 한결 수월해집니다.

그래서 저는 "웃긴다", "웃음이 난다"라는 말을 참 좋아합니다.

가령 "내가 ○○하다니 웃긴다", "이 상황에 웃음이 난다", "이 사진 정말 웃기지 않아?" 하고 별일 아닌 것에 웃음을 더하면 코미디 영화를 보듯이 한 걸음 떨어져 바라보게 됩니다.

현재 진행 중일 때는 도저히 웃지 못할 일도 시간이 지나고 나면 대체로 웃어넘길 수 있게 됩니다. "내가 결혼 사기에 당했잖아. 웃기지?" 하고 웃어넘기던 친구가 있었는데 남의 일처럼 우스개 삼아 털어놓음으로써 자기 마음도 어느 정도 정리할 수 있었겠지요.

남의 얘기, 불평도 대수롭지 않은 수준이라면 "사장님 무용담은 언제 들어도 웃긴다", "남편이 요리하면 외식보다 돈이 더 들어서 웃긴다"라고 슬쩍 웃어넘겨도 좋겠지요. 미간에 주름을 만들면서 화내거나 침울해하는 편보다 훨씬 낫습니다.

유머는 엄숙한 상황에서 심리적 거리를 둠으로써 그 상황에 굴하지 않을 힘을 줍니다. 부모님 간병을 소재로 만화를 그리는 친구, 월급쟁이의 애환을 짧은 시로 짓는 친구가 있습니다. '비애'가 있는 곳에 유머가 있습니다. 웃어넘긴다고 상황이 달라지지는 않으나 심리적 여유가 생기고 숨통이 트여 기운이 나는 것은 분명합니다.

마음 맞는 친구와 소소한 얘기를 나누며 웃기만 해도 마음이 가벼워집니다.

혼자 웃을 때보다 누군가와 함께 웃을 때 즐거움은 배가 됩니다.

유머 감각이 없어도 "웃긴다", "웃음이 난다"라고 말하다 보면 무의식중에 재미있는 일을 발견하는 눈이 길러집니다.

어떤 상황에서든 웃는 사람이 승자입니다.

89

"명과 암은 표리일체"
"좋은 것도 나쁜 것도 없다. 그저 그렇게 생각하는 마음이 있을 뿐"

'어떤 일이든 명과 암이 공존하므로 두 측면을 함께 봐야 한다'고 제게 알려준 사람은 우루과이의 루시아 토폴란스키 상원의원입니다. 세계에서 가장 가난한 대통령이라 불린 호세 무히카 전 대통령의 부인인 루시아 여사를 취재로 만날 기회가 있었습니다.

그때까지 저는 '밝은 면을 보는 것이 행복'이라고 믿었습니다. 어두운 뉴스, 사회의 혼란을 마주하면 끓어오르는 분노와 슬픔을 주체할 수 없었습니다.

그런 제게 루시아 여사가 밝음과 어두움은 표리일체임을 일깨워주었습니다. 만사에 명암이 공존한다는 사실을 모르면 위험이 코앞에 닥쳐도 알아채지 못한다는 것입니다. 무히카 전 대통령이 유엔 회의에서 "우리는 경제적 풍요로움을 얻는 만큼 행복해질 시간을 잃고 있다"고 지적한 연설과도 통하는 부분이 있습니다.

그 후로 저는 "명과 암은 표리일체"라고 되뇌며 시야를 넓혀 사물 전체를 조망하려고 노력합니다.

이런 말버릇 덕분에 '경험이 쌓이면 요령은 생기지만 겸허함과 생존력을 잃기 쉽다'고 깨닫기도 하고 '병을 앓게 되어 건강의 고마움과 약자의 입장을 살피는 시선을 얻었다'고 긍정적인 면을 발견하는 등 자만하거나 비관하지 않으며 담담하게 인생을 나아갈 힘을 얻습니다.

이런 삶의 자세는 동양에서 예부터 전해져오는 '중용中庸' 음·양의 개념과도 연결됩니다.

음과 양에 우열은 없으며 둘은 동시에 존재합니다. 사실 인생의 행복-불행, 승-패, 성공-실패, 적-아군 이 모든 구분은 자기 내부에서 일어납니다.

스스로가 싫어질 때, 남이 미워질 때, 부정적인 감정이 몰아칠 때 "좋은 것도 나쁜 것도 없다. 그저 그렇게 생각하는 마음이 있을 뿐"이라고 자신에게 말해주세요.

세상일의 양면을 두루 헤아리는 줄 아는 마음 습관이 길러집니다.

90

"만족을 아는 사람은 풍요롭다"
"지금 가진 것으로
충분히 행복해질 수 있다"

우루과이 후세 무히카 전 대통령 부부는 도심에서 한 시간 정도 떨어진 농촌 지역에서 밭을 경작하며 검소하게 생활했습니다. 전 대통령에게 주어지는 공식 저택과 선박 등을 처분하여 수입의 90퍼센트를 가난한 사람을 위해 기부했다고 합니다.

집 근처에 농업학교를 세운 루시아 여사는 "학생들이 다들 내 아이 같다. 언젠가 우리가 세상을 떠나도 이곳에 학교가 남는다고 생각하면 행복하다"라고 흐뭇하게 말했습니다.

무히카 전 대통령은 '끝없는 욕심으로 만족할 줄 모르는 사람'과는 정반대의 삶을 살며 물욕 대신 행복을 느끼는 시간을 소중히 하고 자신에게 가치 있는 일에 열정을 기울이고 있었습니다.

흔히 우리는 자기 외부에 시선을 돌린 채로 타인과 비교하고 환경에 휩쓸리면서 끊임없이 "조금 더"를 열망하며 시간을 낭비합니다.

노자도 "족함을 아는 자가 부자다"라고 말했습니다. 무언가를 더 얻어야 만족하는 것이 아니라 지금 상태에서 만족할 줄 아는 사람을 의미합니다.

"지금 가진 것으로 충분히 행복해질 수 있다"고 스스로 되뇌다 보면 공연히 돈·시간·마음을 빼앗기지 않아 자기 세계를 무한히 확장해갈 수 있습니다.

이런 말버릇을 가지면 물건을 사는 일이 줄어듭니다. 앞날에 대한 막연한 불안도 사라져 풍요로운 시간과 마음의 만족에 집중할 수 있습니다.

"이 세상을 떠날 때 무엇을 가져갈 수 있을까요? '만족'은 가져갈 수 있지 않을까 싶어요. 누군가를 위해 무언가를 남기고 갈 수 있다는 게 행복합니다."

루시아 여사가 빙긋 웃으며 건넨 이 말이 지금도 가슴 안에서 살아 숨 쉬며 제게 용기를 줍니다.

91

"사랑이 있네"
"사랑이 느껴진다"

비 오는 날 커다란 꽃송이가 달린 나무에 비닐우산을 씌워주는 노부인을 보았습니다. 예쁘게 핀 꽃이 떨어지지 않도록 비바람을 막아주고 있던 것입니다.

그 광경을 본 친구가 불쑥 꺼낸 한마디, "사랑이 있네"였습니다. 그날 저도 마음이 따뜻해져서 "사랑이 있다는 건 참 좋네"라고 말한 뒤로 '사랑'이라는 키워드를 부쩍 입에 자주 담게 되었습니다.

'사랑'은 연애, 가족애뿐만 아니라 우리 주변에 언제나 넘쳐흐릅니다.

신념을 가지고 일하는 사람은 '일에 대한 애정', 지역에 공헌하는 사람은 '지역애', 오래된 자동차를 꾸준히 손질해서 타는 사람은 '차에 대한 애정'이 있고 동물과 자연은 그 자체가 사랑이라고도 할 수 있겠지요.

"사랑이 있네", "사랑이 느껴진다"고 말하다 보면 타인의 다정함에 민감해져서 마음이 훈훈해지는 순간이 늘어납니다. 별일 없이 안부를 묻는 연락, 무심한 듯 뻗어준 도움의 손길, 믿고 지켜 봐주는 시선, 진심 담긴 지적, 세련된 배려 등 돌이켜보면 '그것은 애정'이었음을 절절히 느끼게 되는 일도 있습니다. '사랑'의 반대는 '혐오'가 아니라 '무관심'입니다. '사랑'에는 다양한 정의가 있겠지만 우선은 '관심을 가지는 것'이겠지요. 그리고 배려하거나 무언가를 주는 것이 아닐까 싶습니다.

'사랑'을 발견하는 눈이 생기면 자기 안의 '사랑'을 알아채고 누군가에게 전하고 싶어집니다.

저 스스로를 훈계할 때 광고의 대사처럼 "거기에 사랑이 있나요?"라고 묻습니다. 일이나 인간관계에서 소홀해질 때, 타인을 배려하지 못할 때 그곳에 '사랑'이 빠져있음을 자각하고 고치려 합니다.

'사랑'에 민감해질수록 사랑을 받는 기쁨보다 주는 기쁨이 크다는 사실을 깨닫게 됩니다. "사랑이 있네", "사랑이 느껴진다"고 말로 표현하면서 주변에 넘치는 사랑의 존재, 자신을 지탱해주는 수많은 사랑, 자기 안의 사랑을 발견해보기를 바랍니다.

92
"살아있기만 해도 괜찮다"
"살아있다는 것 자체가 득 보는 일"

고등학교 때 학교 가기를 거부하며 집에만 있던 시절이 있었습니다. 결석이 길어져 졸업이 위험해졌을 때도 어머니는 "뭐 어떠니. 살아있다는 것만으로도 좋은 거야"라고 한마디 건넬 뿐이었지요.

저는 그때 정신이 번뜩 들어 "무슨 소리야. 나는 여기서 무너지지 않을 거야!"라고 선언하며 다시 학교에 가기 시작했고 대입 준비에도 열을 올렸습니다. '내가 정신을 똑바로 차려야지. 엄마 말 듣다가는 큰일 나겠어'라고 진심으로 생각했기 때문입니다.

직장을 전전할 때도, 해외에서 살겠노라 말했을 때도 어머니는 "무슨 선택을 하든 괜찮다. 살아있기만 하면 된다"라며 제 의견에 반대한 적이 없었습니다.

중증장애아 병동에서 간호사로 근무했던 어머니는 '부모에게는 아이를 먼저 보내는 것이 가장 큰 슬픔'이라 여기고 '자식이 살아있다는 것만으로도 행복'이라 생각한 모양입니다.

어머니의 말은 제게 두 가지 의미를 주었습니다. '어떤 모습이라도 살아있다는 데 가치가 있다', '스스로 책임을 지면 어떤 선택을 해도 된다'입니다.

그래서 하고 싶은 일을 마음껏 하며 호된 경험을 반복하고서 글을 쓰는 현재에 도달하게 된 것이지요.

얼마 전 어머니에게 "예전에 살아있기만 해도 된다고 한 거 기억나세요?"라고 물었더니 어머니는 태연하게 "그런 말을 했었나?"라고 하시더군요. 어머니가 정말로 잊었는지 잊은 척하는지, 제 기억이 틀렸는지는 모르겠습니다.

어쨌든 확실한 건 "살아있기만 해도 괜찮다"고 몇십 년 동안 끊임없이 제게 말해준 사람은 저 자신이라는 점입니다.

올해 아흔한 살이신 어머니와 "살아있다는 것 자체가 이득"이라고 웃으며 말합니다. 그때마다 '당연한 것은 아무것도 없다'는 깨달음이 밀려와 매 순간이 기적처럼 느껴집니다.

웃고, 울고, 화내는 모든 것에 감사하게 됩니다.

말버릇 덕분에 삶의 기쁨을 만끽하고 있습니다.

나를 성장시키는 92가지 언어습관

인생을 바꾸는 말 인생을 망치는 말

1판 1쇄 찍음 2024년 3월 18일
1판 1쇄 펴냄 2024년 3월 25일

지은이 아리카와 마유미
옮긴이 최화연
펴낸이 조윤규
편집 민기범
디자인 홍민지

펴낸곳 (주)프롬북스
등록 제313-2007-000021호
주소 (07788) 서울특별시 강서구 마곡중앙로 161-17 보타닉파크타워1 612호
전화 영업부 02-3661-7283 / 기획편집부 02-3661-7284 | 팩스 02-3661-7285
이메일 frombooks7@naver.com

ISBN 979-11-88167-88-3 03190